**Viver pode
ser simples**

Dados Internacionais de Catalogação na Publicação (CIP)
(Câmara Brasileira do Livro, SP, Brasil)

Grün, Anselm
  Viver pode ser simples : como lidar com as questões práticas da vida, do trabalho, da família e da alma / Anselm Grün ; editado por Rudolf Walter ; tradução de Uwe Wegner – Petrópolis, RJ : Vozes, 2018.

  Título original : Lebensfragen : Orientierung und Sinn in schwierigen Situationen
  ISBN 978-85-326-5688-9

  1. Conduta de vida 2. Consciência 3. Espiritualidade 4. Estilo de vida 5. Família 6. Trabalho 7. Vida cristã I. Walter, Rudolf. II. Título.

18-11991   CDD-248.4

Índices para catálogo sistemático:
1. Estilo de vida : Cristianismo   248.4

Anselm Grün

Viver pode ser simples

Como lidar com as questões práticas da vida, do trabalho, da família e da alma

Editado por Rudolf Walter
Tradução de Uwe Wegner

EDITORA VOZES

Petrópolis

© 2015, Verlag Herder GmbH, Freiburg im Breisgau
Anselm Grün

Título do original em alemão: *Lebensfragen – Orientierung und Sinn in schwierigen Situationen*

Direitos de publicação em língua portuguesa – Brasil:
2018, Editora Vozes Ltda.
Rua Frei Luís, 100
25689-900 Petrópolis, RJ
www.vozes.com.br
Brasil

Todos os direitos reservados. Nenhuma parte desta obra poderá ser reproduzida ou transmitida por qualquer forma e/ou quaisquer meios (eletrônico ou mecânico, incluindo fotocópia e gravação) ou arquivada em qualquer sistema ou banco de dados sem permissão escrita da editora.

CONSELHO EDITORIAL

Diretor
Gilberto Gonçalves Garcia

Editores
Aline dos Santos Carneiro
Edrian Josué Pasini
Marilac Loraine Oleniki
Welder Lancieri Marchini

Conselheiros
Francisco Morás
Ludovico Garmus
Teobaldo Heidemann
Volney J. Berkenbrock

Secretário executivo
João Batista Kreuch

Editoração: Maria da Conceição B. de Sousa
Diagramação: Sheilandre Desenv. Gráfico
Revisão gráfica: Alessandra Karl
Capa: Idée Arte e Comunicação
Ilustração de capa: ©FooTToo | iStock

ISBN 978-85-326- 5688-9 (Brasil)
ISBN 978-3-451-06774-7 (Alemanha)

Editado conforme o novo acordo ortográfico.

Este livro foi composto e impresso pela Editora Vozes Ltda.

SUMÁRIO

Prefácio, 7

1 Profissão e trabalho – A pressão, os chefes, o estresse, 9

2 Eu e os outros – Relações, expectativas e decepções, 37

3 Pais, filhos e parentes – Quando a família se torna problema, 69

4 Crer, rezar, duvidar – Igreja como terra natal estranha e prática espiritual, 103

5 Anseio por vitalidade – Não consigo mais me alegrar, 147

6 Crises, frustração e fracassos – À procura de parcerias que deem certo, 167

7 Aborrecimento, medo *etcétera* – O difícil convívio com os sentimentos, 205

8 Dor, doença, morte – Experiências-limite, 239

Epílogo, 261

PREFÁCIO

Com muitas pessoas a quem oriento falo sobre problemas com os quais elas são confrontadas em sua vida e sobre perguntas que mexem com elas ou as afligem. Pessoas que nem conheço me escrevem sobre temas que têm a ver com seu próprio estado interior ou que costumam acometer e afligir indivíduos diante de doenças ou da morte. Procuro mostrar empatia pelas pessoas e lhes dar a resposta que me ocorre. Minhas respostas não pretendem ser entendidas como conselho no sentido de uma sugestão concreta para agir ou como receita para a solução de determinado problema. Antes, pretendem ser um convite para que visualizem sua situação com outros olhos e descubram o sentido da própria experiência.

Cada pessoa é única, e cada uma faz suas próprias experiências. Mesmo assim, muitas formulam perguntas semelhantes. Por isso, atrevo-me a publicar neste livro as muitas perguntas que me fizeram, bem como suas respectivas respostas. Antes eu o fizera em meu blog "Viver de forma simples", assegurando o anonimato. Percebi que muitas outras se identificaram com elas. Assim, creio que as leitoras e os leitores deste livro possam refletir sobre elas. Não se trata, obviamente, de assumir as respostas como soluções para os próprios problemas, sem reflexão pessoal. Pelo contrário, na leitura das perguntas e das respostas seria conveniente que cada leitor se pusesse a escutar e a sentir a si mesmo: "O que essas experiências e essas palavras de outras pessoas desencadeiam em mim?" "Há perguntas semelhantes dentro de mim?" "Daria resposta igual a mim mesmo, ou a consideraria apropriada somente às outras pessoas?" "O que sua resposta desencadeia em mim?" "Ela provoca resistência ou confirma meu próprio pensar e sentir?" "Confirma algo que também conheço em mim mesmo, apesar de não admiti-lo muitas vezes, ou permanece estranha e incompreensível para mim?"

Diariamente a vida nos coloca novas perguntas, sem que as escolhamos. Também diariamente somos desafiados a dar uma resposta bastante pessoal a essas perguntas. O presente livro gostaria de auxiliá-lo nessa empreitada. Ele gostaria de lhe inspirar confiança para que você possa seguir sua intuição. Sua alma sabe o que é bom para si, só que para avançar na sabedoria da alma faz bem parar, olhar para dentro, calar e desprender-se de todas as opiniões e sugestões oferecidas a nós por outros. A resposta para minhas perguntas já se encontra disponível no silêncio e no fundo da minha alma. Nesse sentido, as respostas que ofereço no presente livro querem colocar cada um em contato com a sabedoria de sua alma, a fim de que siga sua própria consciência, o próprio conselheiro interno, trilhando o caminho que o conduzirá para dentro de uma maior vitalidade, liberdade, paz e amor.

1 PROFISSÃO E TRABALHO
A pressão, os chefes, o estresse

Nosso mundo e nossa sociedade estão em mudança. Também a situação no mundo do trabalho se encontra afetada por essa mudança. Hoje em dia essa situação está marcada por pressão crescente, forte concorrência, com sempre maiores exigências de desempenho e produtividade, e, simultaneamente, por muita insegurança. Constato, por um lado, que muitos empresários se esforçam para criar um bom clima de trabalho e que estão dispostos a viver valores dentro da empresa. Por outro, também ouço muitas queixas sobre um clima de trabalho cada vez mais áspero e sobre a pressão a que muitos se sentem expostos. Tento responder pessoalmente às perguntas e apontar caminhos sobre como cada pessoa pode reagir à situação vivida no seu trabalho. Nesse caso não se trata apenas da concepção e do comportamento das pessoas consideradas separadamente. As perguntas representam, simultaneamente, um desafio para a transformação da situação no mundo do trabalho. Não só os empregados precisam tentar se adequar à situação; também as chefias deveriam pensar em como criar um clima de trabalho humanizado. Nos 36 anos em que fui ecônomo da abadia em que resido, foi importante para mim criar um clima no qual as pessoas trabalhavam com gosto. Isso constitui um importante serviço aos colegas de trabalho e à sua saúde – e, com isso, também para uma sociedade mais humana.

Meu trabalho me absorve totalmente. Até noite adentro meus pensamentos giram em torno da pergunta: "Consegui terminar tudo?" E até o meu sono é tomado pela questão: "Fiz tudo direito?" E sempre de novo repercute em mim o desgosto pelo colega que me machucou, pelo chefe que não me dá atenção, mesmo que eu me empenhe pela empresa "mais do que cem por cento".

Como sair dessa rotina?

Você necessita de um bom ritual no final do seu trabalho. Rituais fecham uma porta e abrem outra. Você necessita fechar primeiramente a porta do trabalho para que a porta do seu lar possa ser aberta, e para que então consiga estar realmente, por completo, em casa, sem estar ainda pela metade no trabalho. O ritual poderia ser assim: "Aproveito o caminho de casa para deixar o trabalho atrás de mim e me concentrar em minha família". Ou paro um pouco antes de me afastar da empresa e procuro, através da expiração, desvencilhar-me de tudo o que ocorreu dentro dela. Quando fecho a porta do trabalho atrás de mim, imagino que os problemas dele são deixados ali, e não serão levados para casa. Você, no entanto, também necessita de um novo posicionamento interior. Procure fazer tudo certo, mas não fique matutando depois se de fato fez tudo certo. Porém, se isso não ocorrer, pergunte-se "Por que, afinal, estou matutando sobre o que já passou?" "É tão importante para mim fazer sempre tudo certo?" "Minha reflexão consegue modificar alguma coisa daquilo que já passou?" Perguntando assim, você pode pedir a bênção de Deus, para que

> Um bom ritual para o distanciamento ajuda. Mas você também necessita de uma nova mentalidade em relação ao trabalho.

Ele abençoe e reverta em bênção tudo aquilo que você fez e decidiu. Nem tudo depende de você. Deixe o seu trabalho a critério de Deus e confie que Ele pode fazer de tudo o melhor. Diante de sua incapacidade de se desprender do trabalho, aceite o convite para entregar a Deus tudo o que você realiza, confiando em sua bênção.

Sofro de insônia crônica. Tenho medo de não dar mais conta da minha vida e de cometer erros no trabalho. Meu dia está repleto de tarefas e eu vou claudicando em cada uma delas. E tenho medo do *burnout*. Que devo fazer?

Não tenho mais forças suficientes para o dia a dia.

Primeiramente seria importante você se habituar a um bom ritmo. Defina um horário para ir para a cama e para acordar. Não é tão importante que você sempre consiga dormir exatamente no horário definido. Se não conseguir, faça meditação ou se descontraia na companhia de Deus. Nesse contexto podem ser úteis métodos como o treino autógeno, ou a eutonia, ou a descontração muscular. Então você certamente irá se revigorar, mesmo que não tenha conseguido dormir. O segundo passo seria: confie na fonte de força que está dentro de si; lá se encontra o Espírito Santo. Alimentando-se dela você se manterá cheio de vida, pois essa fonte é inesgotável. Isso não é consolo barato. Só será possível beber dessa fonte interior se você se desprender do próprio ego. Não é preciso olhar com medo para o ego, temendo que não conseguirá cumprir todas as expectativas do seu entorno. Envolva-se com a vida e confie que pode viver a partir dessa fonte interior. Se beber dela você poderá encarar os desafios do dia a dia, mesmo que, exteriormente, esteja cansado. Um

> Um bom ritmo pode ajudar. Mas também ajuda a confiança de que você vive a partir de uma fonte interior, de uma força que se encontra dentro de si mesmo.

terceiro passo: se durante o dia você estiver cansado, procure deitar-se por 15 ou 20 minutos; desfrute do cansaço e do peso do corpo. Programe o despertador. Você verá que dessa forma o restante do dia será vivido com êxito.

••••••••••••••••••

Tenho uma boa empresa. Entendo-me bem com meus funcionários. Todos nós enfrentamos juntos os mesmos desafios. Entretanto, em virtude da crise imobiliária e financeira, o mercado em que atuamos encolheu aproximadamente 70%. Como vou conseguir levar a empresa adiante? Tenho medo de não conseguir. Investi muita força e energia nessa empresa, de modo a termos um clima humanizado dentro dela. Agora parece que tudo vai ruir. E pensar que dei tanto sangue ali dentro.

Não sei mais como continuar.

Como não consigo avaliar suficientemente sua situação econômica, não estou em condições de lhe sugerir medidas externas para o saneamento das dificuldades. De qualquer forma, não desistiria da esperança de que, em última análise, você vai conseguir superar os problemas. Eu falaria com os funcionários e lhes exporia a situação. Eu lhes perguntaria que sugestões teriam para confrontá-la. Talvez eles estejam dispostos a aceitar redução salarial por certo período de tempo. Talvez também lhes ocorram soluções criativas. Nesse caso, pelo menos, todos se encontrariam dentro do mesmo barco, podendo conduzi-lo com esforço conjunto em meio às ondas da crise.

E, não obstante, também é importante não fechar os olhos diante da realidade. Se, apesar de todos os esforços, uma continuidade da empresa não for possível, é necessário que eles também se familiarizem com a ideia do fracasso. O que significa para você quan-

Eu mesmo não serei arrasado. Apesar de todas as incertezas e temores, a esperança também permite sentir liberdade interior.

do, como empresário bem-sucedido, de repente se encontra na condição de fracassado? Como você se comporta com os funcionários que tantas esperanças depositaram em sua pessoa? E como lhe afetam as fofocas das pessoas que já sabiam que a empresa iria fracassar? Se você se colocar essas perguntas, perceberá o desafio espiritual. Talvez também perceba uma liberdade interior, a despeito de todas as dúvidas e temores. Se não existir outro caminho, também o fracasso exterior não poderá me arrasar. A imagem que criei, essa sim será destruída. Também minhas concepções de vida sofrerão ruptura. Mas eu não serei destruído. Assim sendo, desejo-lhe o anjo da esperança, que nunca desiste; desejo que, em meio a todas as reflexões, encontre o caminho que poderá conduzir você e seus funcionários a uma nova vitalidade e a uma nova liberdade.

O trabalho na minha empresa requer tanto esforço de mim, que acabo não tendo mais energia suficiente para cuidar de minha família. Ando constantemente com a sensação de não ter tempo para meus filhos e meu esposo e, sobretudo, de não ter força psíquica para poder me dedicar integralmente a eles. Fico cada vez mais esgotada.

Como lido com a consciência pesada?

Primeiramente você deveria analisar detalhadamente o que a deixa tão fatigada. É a quantidade de trabalho? São as condições obscuras na empresa? É a grande quantidade de decisões que você precisa tomar? Ou se trata da pressão que a direção da empresa exerce sobre você? Uma vez identificadas as causas, você poderia refletir sobre a maneira diferente como poderia reagir à pressão, à falta de clareza, às expectativas provenientes de fora sem se sentir pressionada, como também quais os aspectos que precisa definir limites e se proteger. Quando chegar em casa, feche conscientemente a porta do trabalho; não considere sua dedicação aos filhos como trabalho. Alegre-se, porém, por ter uma família e pelo fato de seus filhos introduzirem outros aspectos em sua vida. Não ande por aí de consciência pesada. Também não faça demais para seus filhos e seu esposo. Simplesmente se faça presente. O importante não é a quantidade, mas a qualidade do tempo que você passa com suas crianças. Tente estar totalmente presente quando se encontrar em família e abdicar de todas as preocupações relacionadas ao seu emprego. Confie na possibilidade de ser uma bênção para sua

> Procure esclarecer, primeiramente, o que exatamente a deixa tão esgotada. Permita-se ser assim como é, preocupando-se mais consigo mesma.

família assim como você é – mesmo que não realize muitas coisas. Você dá o que pode. Reze para que aquilo que você der se transforme em bênção para seus filhos, para que os desafie a desenvolver suas próprias forças. Caso se sinta esgotada, é melhor se preocupar consigo mesma. Dê-se um abraço; tome a criança interior machucada e esgotada em seus braços e trate dela com carinho. Permita-se ser como você é. Mas, ao mesmo tempo, confie na proximidade curadora de Deus que a envolve e protege do sufoco causado pelas pessoas, por suas exigências e expectativas.

No meu trabalho sempre costumo protelar todas as coisas desagradáveis. A consequência é que sempre me dirijo ao trabalho pressionada interiormente. A pressão é cada vez maior porque sei que há uma série de coisas não feitas esperando por mim.

Como posso aprender a enfrentar melhor as coisas que me cabem fazer?

Inicialmente, o que a impede de enfrentar as coisas desagradáveis? Pense uma vez sobre isso. De que você tem medo? Você acha que não é capaz de solucionar um problema difícil? Ou se trata do medo de se confrontar com uma pessoa da qual precisa exigir alguma coisa? Você simplesmente ainda não sabe como enfrentar o problema? Ou é o seu perfeccionismo que a impede de fazê-lo? Quando você tiver clareza sobre as resistências que a impedem de resolver prontamente as coisas, então poderá se fazer as perguntas: "O que acontecerá se eu enfrentar logo as coisas?" – Nesses casos, na maioria das vezes surgirá um sentimento de alívio. Quando resolvemos logo um problema ficamos com a cabeça livre para aquilo que nos cabe encarar no momento. "O que poderia acontecer se eu não encontrasse uma solução?" – Aí eu poderia dizer de coração tranquilo: "Isso é insolúvel", e tenho de parar de me ocupar com esse problema. Mas também pode ser que haja primeiramente outros pressupostos a ser esclarecidos. O que por vezes também ajuda é anotar as tarefas que nos aguardam, realizá-las

Uma coisa após a outra. Primeiro as coisas mais importantes, depois as mais fáceis. Quando resolvemos logo as coisas temos a cabeça livre para aquilo que nos cabe encarar no momento.

uma após a outra, e depois marcá-las como resolvidas. Isso certamente lhe fará bem. E, quando for trabalhar, diga para si mesma: "Uma coisa de cada vez. Primeiro as coisas mais importantes, depois as mais fáceis". E quando enfrentar as tarefas mais difíceis, faça-o com o sentimento de que Deus estará apoiando e abençoando você naquilo que for realizar.

• • • • • • • • • • • • • • • • • •

Para os próximos dias fui convidado pelo chefe para uma conversa, cujo assunto deve ser sobre o trabalho. Já agora tenho medo de que ele vai me criticar e de me envergonhar diante dele por não saber como deverei responder. Tenho medo de aparentar insegurança e receio de irromper em prantos se ele me criticar. Na verdade, sei que "sensibilidade" não é bem-vista e que só irá expor novos pontos negativos.

O que eu mais gostaria
é de solicitar um atestado médico
para evitar a conversa.

Evitar o encontro seguramente não é a solução. Pois nesse caso a conversa ocorreria mais tarde e você continuaria a viver por mais tempo com o medo. Sente-se calmamente e tente sentir sua respiração. Imagine o seguinte: "Estou totalmente em harmonia comigo mesma. Sinto-me em meu corpo. Estou totalmente comigo mesma". Depois imagine que seu chefe esteja falando com você. Como reagiria à sua crítica se estivesse totalmente consigo mesma, totalmente em harmonia? Se essa imaginação a deixa nervosa, tente entrar em contato consigo mais uma vez; simplesmente sentir-se, estar consigo. E agora imagine novamente que o chefe esteja dirigindo a palavra a você. Nesse momento não permita que ele a tire de seu centro, mas ouça e procure assimilar o que ele quer dizer. Depois disso escute o próprio interior. Que resposta advém dele? E imagine que o chefe não seja um inimigo, mas que também tem suas necessidades e problemas. Ele também tem o direito de os ter. Apesar de tudo,

> Imagine o seguinte: "Eu estou totalmente em harmonia comigo mesma. Sinto o meu corpo. Estou totalmente comigo mesma".

procure acreditar no núcleo de bondade que existe no chefe. Assim, irá para a conversa de outra forma. Também peça a Deus que Ele abençoe a conversa; imagine que sua bênção envolve a pessoa do seu chefe e também você mesma. Confie que, com a bênção de Deus, o desenrolar da conversa será bom. Isso transformará seu estado interior de espírito e permitirá que inicie a conversa de forma diferente.

Como devo me comportar? Sou professora e amo minha profissão e as crianças. Mas ultimamente tenho dispendido muita energia na relação com o meu diretor. Ele constantemente desconfia de mim e demanda ações que deem maior visibilidade à nossa escola. Estou sempre sendo convocada a executar algum projeto pensado por ele.

Eu deveria me preocupar muito mais com minhas crianças.

Para começar, você não deveria conceder ao seu superior tanto poder sobre si mesma. Se você estiver bem-focada em si, poderá observar mais objetivamente a partir de seu centro o que ele quer. Conteste quando tiver a sensação de que um ativismo não fará bem nem para as crianças nem para os colegas, servindo unicamente para causar boa impressão aos de fora ou sendo apenas expressão de uma vontade de aparecer. Você é responsável por si e por seus alunos. É claro que não cabe travar uma luta de poder com o seu chefe, mas também não deveria se curvar. Se emitir com clareza a sua opinião, também estará disposta a assumir compromissos. Entretanto, só o fato de se incomodar com aquilo que o chefe mandar e simplesmente fazê-lo, mais cedo ou mais tarde isso não fará bem nem a você nem ao ambiente escolar. Talvez você também possa optar por uma conversa. Nela você poderia dizer a ele com franqueza – e sem agressividade – como se sente diante de suas ordens, como vê o futuro da escola e o que de fato poderia reverter em seu benefício a longo prazo. Fale também sobre a desconfiança que

> Permaneça em seu próprio centro. Só o fato de se incomodar não leva a nada. Você não deveria conceder ao seu superior tanto poder sobre si mesma.

percebe da parte dele. Talvez você entenda seu comportamento como desconfiança e, na verdade, ele também poderia estar manifestando insegurança como diretor. De qualquer maneira, ambos os interlocutores podem refletir sobre a razão pela qual esse sentimento de desconfiança aparece.

S into-me permanentemente sobrecarregado, psíquica e fisicamente. Cada vez mais chego em casa completamente esgotado do trabalho. Aí me encontro enervado e tenho dificuldades de me envolver com meus filhos. O descanso do final de semana não é suficiente para a reposição de energia.

Tenho receio de acabar desmoronando.

Inicialmente eu iria me observar atentamente e me perguntaria sobre a razão do meu esgotamento. Será, de fato, em virtude do muito trabalho? Ou se trata dos conflitos no trabalho, dos quais pouco consigo me esquivar? Ou o meu esgotamento provém de meus padrões interiores de vida? Do meu perfeccionismo, talvez? Também seja possível que provenha de uma constante pressão, à qual me submeto. Uma necessidade de me afirmar como eficiente diante dos outros. Em última análise, são essas as posturas responsáveis pelo esgotamento. Por isso, eu refletiria sobre a maneira como consigo modificar meu modo de pensar. Não necessito me colocar sob pressão. Realizo o meu trabalho da melhor maneira possível, mas não permito que outros me coloquem sob pressão. Estou comigo no meu trabalho. Por essa razão ele não poderá me desgastar dessa maneira. É sempre perigoso quando no trabalho nos distanciamos de nós mesmos e perdemos nosso próprio centro. Nesses casos ele nos desgasta e suga todas as nossas energias.

O segundo ponto seria: é preciso que você feche a porta do seu trabalho antes que abra porta para sua família. Para esses casos,

> Sempre é perigoso quando no trabalho nos distanciamos de nós mesmos e perdemos nosso próprio centro.

bons rituais podem ajudar. Considere conscientemente como um ritual o percurso do trabalho para casa. Desprenda-se do trabalho. Deixe-o ali no lugar dele. Imagine sua família que o espera. Alegre-se por não precisar trabalhar em casa. Envolva-se com as crianças, brinque com elas. Isso pode recuperar suas energias. Você se experimentará de maneira diferente nessa ocupação. Imagine a família como sendo um espaço de liberdade e amor. Nesses casos você entrará em sua casa com gosto, e já se sentirá renovado e revigorado pelas imagens que associa com o seu lar.

Terceiro ponto: pense no que lhe poderia fazer bem, onde poderia se descontrair, onde simplesmente poderia se encontrar presente, sem o sentimento de estar sendo pressionado. Então, tire para si um tempo livre a cada semana para fazer aquilo que seu coração deseja: realizar um passeio, sentar-se na igreja, ler um livro, ir uma noite para a ginástica.

S empre me surpreendo incorrendo em erros no trabalho. Isso me incomoda. Eu me esforço, mas sempre volta a acontecer. Mas não pretendo ficar sempre me desculpando. Tenho receio de ser rotulado. Como devo proceder?

Eu preferiria encobri-los, mas isso não é possível.

Você não conseguirá evitar os erros controlando a si mesmo e a tudo o que faz. Quem pretende colocar sua vida sob controle verificará que perderá o controle dela. O controle só iria deixá-lo ainda mais tenso, e a tensão só faz com que cometamos uma quantidade ainda maior de erros. Observe a si mesmo ao cometer um erro. Veja simplesmente o que nesses casos acontece dentro de si. Talvez em pensamentos esteja em outro lugar, encontra-se sonhando com o lar ou está em algum conflito ou com problemas que o afligem. Talvez você esteja pensando demais em seu chefe. Nesse caso também não pode estar concentrado em si mesmo. Importante seria que pudesse se concentrar no trabalho e se desprendesse de tudo o que lhe atrapalha. Não se coloque sob pressão, mas imagine estar gostando de realizar o trabalho. Você o realiza tão bem quanto pode. Se conseguir realizar o trabalho com essa serenidade e atenção interiores, ocorrerão poucos erros. Se, porém, errar mesmo assim, pergunte-se: "O que posso aprender disso?" Se, além disso, conseguir admitir o erro perante outros, conquistará respeito ainda maior de seus colegas. Mas não se apeque quando

> Quem pretender colocar sua vida sob controle verificará que perderá o controle dela. Serenidade e atenção ajudam mais.

acontece um erro nem se desculpe mil vezes. Você assume o erro e procura aprender com ele. Caso tenha prejudicado outra pessoa, poderá pedir desculpas. Você não será condenado por isso.

Meu chefe não me leva a sério. Ele conversa comigo só quando precisa de mim. Nessas ocasiões devo fazer imediatamente o que ele quer. Tenho a impressão de não ser levada a sério. Aborreço-me por ele ter tão pouca sensibilidade com os seus empregados, por ser tão insensível para comigo. Levo o aborrecimento para casa e penso o tempo todo em soluções. Entretanto, não estou certa se um pedido de demissão seria uma saída.

Na minha idade não se encontra mais outro emprego com tanta facilidade.

Objetivamente, o comportamento do seu chefe não é bom, pois revela que ele não está se relacionando com os seus empregados. Você se incomoda com o fato de que ele a ignora. Mas, ao mesmo tempo, concede-lhe poder sobre sua pessoa. Você torna seu bem-estar dependente do comportamento dele. Jogue o chefe para fora de si, usando a força do aborrecimento. Diga-se: "Ele não é tão importante que valha a pena pensar tanto nele". "Não lhe concederei a honra de perturbar meu jantar". "Interiormente eu lhe proíbo de entrar em minha casa". "Em meu lar não penso mais nele". "Ora, ele não é tão importante que valha a pena ocupar-me o tempo todo com ele". Tome essa energia do aborrecimento como impulso para realizar o seu próprio trabalho e conceder-se um elogio, além de lhe ser grata quando conseguir concretizar algo. Então não há necessidade do reconhecimento do chefe. Você não deve

> Jogue o chefe para fora de si usando a força do aborrecimento. E livre-se daquilo que os outros dizem e pensam.

correr atrás dele e tornar-se dependente do seu reconhecimento. Use o aborrecimento como convite para sentir a si mesma e estar consigo mesma, para "degustar-se" e ser livre em relação àquilo que outros pensam e dizem sobre você. E também reflita se foi ignorada quando criança. Pois, nesse caso, trata-se da criança ignorada que sempre chora quando o chefe a ignora. Então você deveria tomar a criança em seus braços e olhar para si mesma. Em decorrência disso, o fato de ser ignorada pelo chefe não lhe afetará mais tanto assim.

● ● ● ● ● ● ● ● ● ● ● ● ● ● ● ● ● ● ●

Trabalho num asilo de idosos. Ali as expectativas em relação a nós, cuidadoras, aumentam cada vez mais, e temos sempre menos pessoal. Por causa dessa constante sobrecarga preferiria pedir demissão. Mas receio que não encontrarei outro trabalho ou que sairei de um problema para entrar em outro pior. Estou insatisfeita com minha vida, assim como ela se apresenta.

Como poderei encontrar novamente a paz interior?

Considere com exatidão o que realmente a está deixando insatisfeita. É, de fato, o trabalho? Ou é o clima dentro do qual você está precisando trabalhar? São as expectativas dos seus superiores? Nesse caso, reflita sobre como pretende executar de forma mais competente o seu trabalho e como pode ajudar a melhorar o clima ao seu redor. Não se sinta apenas vítima do ambiente reinante no asilo de idosos. Pense também em como pode sobreviver satisfatoriamente nesse local. Procure ir para o asilo com o sentimento interior de liberdade. Você é livre. Precisa, é verdade, cumprir os deveres de uma cuidadora de idosos. Mas a postura pela qual se relaciona com as pessoas idosas depende de você; a postura pela qual reage às expectativas do seu chefe depende de você. Não permita que prescrições exteriores lhe tirem a alegria nas tarefas do cuidado. Desfrute de todo encontro com as pessoas idosas e dê atenção a todas elas. Nem sempre o tempo dedicado aos diversos idosos é o principal; às vezes o essencial está na abertura com que você aborda essas pessoas. Não deixe que lhe tirem

Descubra seus espaços de liberdade. Se ganhar novamente a sua liberdade interior, também haverá de se sentir melhor em seu trabalho.

essa abertura por meio de pressões externas; não considere a pressão como absoluta. A maneira de determinar focos também depende de você. Descubra os espaços de liberdade que tem em seu trabalho. Ninguém controla o que você conversa com os idosos; a ninguém interessa como você lhes mostra o seu coração. Nesses casos você é livre. Se ganhar novamente essa liberdade exterior, haverá de se sentir melhor em seu trabalho. À noite irá para casa satisfeita e com paz interior.

Já estou indo para o trabalho, todas as manhãs, com dor de estômago. Meus colegas de trabalho me disseram que não me queriam; que só fui contratado porque a chefe quis. Não me sinto aceito pelos meus colegas. Não vejo saída.

A situação no escritório me deixa doente.

É claro que existe a possibilidade de você pedir demissão e procurar outro trabalho, mas não tem garantia de que seu próximo local de trabalho será melhor. Por essa razão iria deixar em aberto a possibilidade de pedir demissão. Isso lhe dá um sentimento de liberdade. "Não sou obrigado a permanecer impreterivelmente aqui. Não obstante, procuraria primeiro experimentar uma forma adequada de lidar com essa situação." Nesse sentido, seria importante que você permanecesse bem consigo mesmo. Quando for ao trabalho, não repare na reação dos colegas; procure motivar-se para ir ao trabalho, sentindo-se bem. Chegará ao trabalho de forma cordial e procurará realizar a sua tarefa da melhor maneira possível, sendo gentil para com os colegas. Dessa maneira as reações dos outros perderão poder sobre você. Outro caminho consiste em, antes de sair para trabalhar, elevar suas mãos para o alto e pedir a bênção de Deus, imaginando um bem-estar fluindo pelas suas mãos até seus colegas de trabalho e as dependências em que trabalha. Então você sairá de casa se sentindo diferente. Um terceiro caminho: lamente ter encontrado justamente essa atmosfera de trabalho. Ela não é ideal; você esperava outra coisa. Mas, ao lamentar

> Não repare na situação dos outros. Procure se motivar para ir ao trabalho, sentindo-se bem.

a situação, descobrirá também muitos pontos positivos nela. Acima de tudo, reconhecerá o trabalho como desafio para se tornar interiormente mais forte, mais independente e livre. Isso haverá de auxiliá-lo também em outras áreas de sua vida.

O chefe tem pessoas de sua preferência, as outras ele deixa de lado. Mas, além desse fato me chatear bastante, sinto-me ao mesmo tempo impotente para me empenhar pela mudança da situação. O que posso e devo fazer?

Sofro com o fato de acontecer tanta injustiça em nossa empresa.

Se o chefe, em si, for injusto, você não poderá evitar que ele trate com injustiça os colegas de trabalho na empresa. Mas caso se sinta pessoalmente injustiçado, pode dizer isso a ele. Aliás, seria bom que o fizesse mais como informação do que como acusação. É possível que o chefe nem esteja notando a sua forma injusta de agir. Informando-o, você lhe dá a chance de refletir sobre o tratamento que dispensa aos diferentes empregados. Mas você mesmo deverá analisar se acha possível o chefe modificar seu comportamento injusto. Se não o considera capaz disso, melhor seria não falar com ele. Mas, mesmo assim, é possível fazer alguma coisa. Pode procurar ser justo às pessoas com as quais trabalha e tratá-las com justiça. De modo particular pode dispensar atenção àquelas que são tratadas de forma injusta, abordando-as e lhes dirigindo palavras encorajadoras.

Procure ser justo às pessoas com as quais você trabalha; encoraje-as e trate-as com justiça.

2 EU E OS OUTROS
Relações, expectativas e decepções

Todos nós, nos mais diferentes contextos, nos encontramos ligados a outras pessoas e, ao mesmo tempo, também somos sempre dependentes unicamente de nós mesmos. O equilíbrio entre proximidade e distância, entre o desejo de estar junto e a autorrealização plena é uma tarefa que dura a vida inteira. Muitas perguntas giram em torno dos relacionamentos; de relações com amigos, com colegas e com conhecidos. Não poucas vezes a baixa autoestima dificulta os relacionamentos e a hipersensibilidade pode indispor ao diálogo. Dolorosas são principalmente as decepções com pessoas que se considerava amigas e que passam a mostrar aspectos sombrios. De uma hora para outra nos sentimos usados, rejeitados ou não compreendidos pelos supostos amigos. Os relacionamentos sempre são plenos de vida, não existindo receitas prontas para eles. É preciso encarar cada relacionamento como algo singular e procurar encontrar um caminho que sirva para nós.

Também pelas conversas que tenho nas orientações espirituais noto que a maioria delas aborda problemas de relacionamento. Aparentemente temos um grande anseio por bons relacionamentos e por uma convivência que enriqueça nossas almas, sendo muito doloroso quando eles não dão certo, desmoronando ou indo em direção oposta. O fracasso e a fragilidade dos relacionamentos são um convite para construirmos uma boa relação conosco mesmos e com Deus. Quando isso ocorre, nossos desejos por um bom relacionamento humano são relativizados e corretamente avaliados.

Quando me comparo com outras mulheres ou folheio uma revista de moda, tenho a sensação de não ser bonita. Mesmo que eu já tenha feito várias tentativas para emagrecer, simplesmente não consigo notar nenhum avanço na empreitada. Todas as sugestões de dieta foram inúteis, e sempre me deparo com minha pouca força de vontade. Assim que consigo emagrecer um pouco volto a ganhar peso novamente.

O que realmente poderia me ajudar?

Inicialmente você faria um grande bem se não se comparasse com outras pessoas. Não precisa ter um peso ideal. Decida por si mesma com que peso se sente à vontade. As medidas que você mesma propõe para si precisam ser realistas. Depois disso, defina um programa de exercícios para cumprir. Ele consiste de dois pontos: alimentação e movimentação.

Defina uma quantidade equilibrada de comida a ser ingerida no café da manhã, no almoço e no jantar. Se entre as refeições tiver fome, prefira tomar chá. No Mosteiro de Münsterschwarzach desenvolvemos um chá purificador, que cria a sensação de saciedade. Outra coisa que pode ajudar é participar no Tempo da Quaresma de um grupo de jejum total por uma semana, restringindo-se à ingestão de chás, sucos e caldos. Mas só esse tipo de jejum não leva à diminuição de peso. O que, entretanto, pode ser um bom começo é se propor a alterar e reduzir seu programa de comida durante toda a Quaresma.

Bonito no alemão vem de olhar. Contemple a si mesma de forma amorosa. Se você aceitar a si mesma, então também é bonita.

O segundo caminho é o de movimentar-se. Não é preciso controlar freneticamente quantos quilômetros pretende caminhar a cada dia, mas reflita sobre as formas de atividade que lhe fazem bem: corrida, caminhada, natação, ciclismo. Deve ser uma atividade que lhe dê prazer. Você não terá êxito algum se ficar fixado na diminuição de peso, torturando-se. É preciso se propor um programa de treinamento que lhe dê prazer e lhe presenteie com o sentimento de liberdade. E pense sempre nisso: beleza não depende de peso, mas de saber se contemplar de forma amorosa. Bonito no alemão vem de olhar. Se você aceitar a si mesma, então também é bonita.

• • • • • • • • • • • • • • • • • • •

Desde que os meus filhos saíram de casa, muitas vezes experimento insegurança quando me encontro com outras pessoas. Em grupo tenho medo de dizer qualquer coisa, tendo a impressão de que os outros sabem falar melhor do que eu. Fico embaraçada quando falo algo errado ou ultrapassado.

Como posso reencontrar a antiga segurança?

O bom é que a antiga autoconfiança pelo menos já foi rompida. É provável que ela tenha sido construída sobre uma identidade muito estreita, talvez unicamente sobre a identidade da mãe. A insegurança é a chance de colocar o seu fundamento em base mais segura. Pergunte-se: "Quem sou eu realmente?" "O que define o meu verdadeiro valor?" "Quem sou eu sem os meus filhos, talvez também sem o meu marido?" "Qual é minha identidade mais profunda?" E não se coloque sob pressão: você não precisa dizer nada inteligente; não precisa dizer absolutamente nada. Diga algo quando estiver com vontade e não julgue o que você disse. Confie que a conversa será boa e que poderá aprender algo dela, não necessitando dar qualquer contribuição. Você só contribui se está de acordo, se realmente é expressão de sua vontade, mas não por querer satisfazer a expectativa dos outros. Prefira permanecer consigo mesma, pois assim se comportará sempre de forma correta e se sentirá livre daquilo que outros pensam e falam sobre você.

> Se permanecer consigo mesma, ficará livre daquilo que os outros pensam e falam sobre você.

• • • • • • • • • • • • • • •

Meu rosto não irradia nada. Sou muito pequena. Todas as tentativas para diminuir de peso não têm ajudado. Gostaria mesmo é de esconder-me das pessoas.

Eu me envergonho de minha aparência.

Beleza é algo relativo. Nos meios de comunicação é propagado um ideal de beleza bastante específico. Você não corresponde e nem precisa corresponder a esse ideal. Procure aceitar a si mesma, e o seu corpo, assim como é. Trate o seu corpo de forma carinhosa, procurando olhar-se afetuosamente no espelho. Então também descobrirá amor e beleza em seus olhos e em seu rosto. Se você for permeável para o amor do jeito que é, verá que é bonita. A autorrejeição leva a uma disposição interior negativa, e isso também prejudica e altera o exterior. Aquela que despreza a si mesma se torna feia; aquela que se contempla com amor é bonita. Despeça-se de ideais de beleza exteriores. Confie que você, assim como é, revela algo de Deus que só sua pessoa consegue expressar. Se estiver em contato com a sua verdadeira essência, se estiver em sintonia com o seu próprio ser, então você será linda. Nesse caso não precisa se comparar com outros. Você simplesmente está aí, presente, transparente, irradiando beleza. Se você tem consideração para consigo mesma também será levada em consideração por outras pessoas.

Se se respeitarem também serão respeitados por outros.

À s vezes não sei nem mais o que eu mesmo quero. Como posso aprender a viver a partir de mim e me tornar livre das expectativas de outras pessoas?

Não quero sempre cumprir apenas as expectativas vindas de fora.

Nunca somos completamente livres. Inconscientemente sempre atentamos para as expectativas de fora ou as expectativas que temos em relação a nós mesmos. Mesmo assim, deveríamos aprender a dar atenção aos próprios sentimentos. Às vezes é cômodo realizar as expectativas dos outros. Dessa forma também somos benquistos por eles. No entanto, deveríamos dar atenção aos nossos próprios sentimentos. Se me sinto explorado, se me torno agressivo ou se tenho a sensação de que há algo de errado, devo levar isso a sério. Nesses casos isso é um convite para me delimitar melhor. Mas não há necessidade de ficar zangado com a pessoa que tem expectativas em relação a mim. Ela é livre para tê-las e expressá-las, mas eu devo ser livre para cumpri-las ou não. Se eu disser "não", o outro inicialmente procurará me incutir sentimentos de culpa por eu ter reagido de "forma tão estranha", uma vez que até agora sempre havia feito tudo da maneira esperada. O que importa é identificar as tentativas de me levar a cumprir expectativas de outrem mediante sentimentos de culpa. Também essas tentativas podem existir. Mas eu não devo cair nelas, devendo permanecer em mim mesmo. É evidente que, dessa maneira, necessitarei de

Se eu permanecer claramente naquilo que para mim é correto, o outro também irá se acostumar com o fato. Se eu me sentir livre, também poderei dar atenção ao outro, assim como ele é.

superar a ilusão de permanecer sempre benquisto junto à outra pessoa. Devo contar com a possibilidade de ela me insultar e não querer mais falar comigo. Nesse caso deverei suportar o fato e contar, ao mesmo tempo, que essa pessoa tenha a capacidade de aprendizado. Se eu permanecer focado naquilo que para mim é correto, lentamente ela deverá se acostumar com o fato, e, de uma hora para outra, até poderá surgir um bom relacionamento entre nós. Além disso não me sentirei mais dependente ou pressionado a cumprir todas as expectativas. Se eu me sentir livre, também poderei dar atenção ao outro, assim como ele é.

Tenho pouca autoconfiança. Quando sou abordada por alguém num grupo, facilmente fico vermelha. E quando noto isso a minha maior vontade é de me esconder, sendo que, ao mesmo tempo, fico incomodada com a minha timidez.

Sinto estar constantemente sendo observada pelos outros.

Primeiramente, você não pode só admitir, mas também aceitar que tem pouca autoconfiança. Isso talvez até a torne simpática, e você pode se permitir ficar vermelha. Quando isso acontecer, mostra que ainda tem sentimentos. Ora, você pode mostrar seus sentimentos. Se você se fixar em sua tensão, a coisa só tende a piorar. A pior coisa é o medo do medo. Se você tiver medo de ficar vermelha, estará tão preocupada com isso que, diante de cada pequena observação crítica, logo irá corar. E se então ficar aborrecida e quiser driblar o rubor existente, ele só se intensificará. Se você der atenção ao seu corpo e notar que fica vermelha, admita perante si: "Sim, sou sensível. Reajo com facilidade. É possível ver em mim tudo o que sinto. Mas isso pode ser assim. Tenho sentimentos e devo tê-los." Dessa maneira a sua pessoa voltará a encontrar paz com maior facilidade. Pare de refletir sobre o que as pessoas pensam agora, quando veem que você ficou corada. Isso é problema delas. Elas podem pensar o que quiserem. Mas decisivo mesmo é que eu me encontre junto de mim, que me sinta em minha insegurança. Nesses casos, a opinião de outros não é mais importante. Uma ajuda nesse tipo de situações é

> Pare de refletir sobre o que as pessoas pensam agora a respeito de você. Isso é problema delas.

sentir a si mesma também no corpo, por exemplo, juntando suas duas mãos ou então colocando uma mão sobre o peito. Assim, nesse momento, você estará junto de si e não junto dos olhares e pensamentos dos outros.

Gosto de frequentar um grupo de mulheres em que trocamos ideias sobre temas que nos dizem respeito. Sou a única que não fez exame final do ensino médio. Sempre que quero dizer alguma coisa tenho a sensação de que outra pessoa já o expressou de forma muito melhor. Tenho inibições e sempre me comparo com outros. Isso me paralisa. Segundo falou uma amiga minha, eu deveria imaginar que sei cozinhar melhor do que as outras. Mas isso também não me ajuda na situação.

Muitas vezes grupos são simplesmente muito cansativos para mim.

Você nunca vai conseguir descansar enquanto fizer comparações. Nesses casos também não adianta enumerar suas qualidades positivas. Pois em cada qualidade lhe ocorrerá uma mulher que a representa ainda melhor do que sua pessoa. Procure simplesmente permanecer junto de si mesma. Uma ajuda poderia ser: você está sentada confortavelmente e simplesmente ouve o que é conversado. Mantenha as mãos juntas sobre o colo e sinta-as. Então imagine o seguinte:

Não preciso dizer nada. Eu apenas ouço o que as outras dizem. Eu só falo alguma coisa se sentir vontade de fazê-lo. Não é importante se outra pessoa já falou a mesma coisa. Confio nos meus sentimentos. É claro que a mania de comparação não pode ser desligada como ocorre num aperto de botão. Mas caso ela aflore, sinta a si mesma e dizendo-lhe o seguinte: "Eu sou eu. As outras pessoas podem

Não considere os outros como concorrentes, mas como presente para sua pessoa. Você pode aprender algo. Mas você também pode contribuir com algo que é específico e unicamente de sua pessoa.

ser como são. Eu sou grata por mim e por minha vida". Com isso a inveja vai desaparecer gradativamente. E você passará a se sentir bem no grupo. Visualize o grupo, observe as outras pessoas e agradeça a Deus pelo fato de ali se encontrarem mulheres tão simpáticas, junto às quais você pode sentar. Não considere as mulheres como concorrentes, com as quais você tem de competir, mas como presente para sua pessoa. Você pode aprender algo. Mas você também pode contribuir com algo que é específico e unicamente de sua pessoa.

M inha colega de trabalho é estimada em todos os lugares. Quando eu apareço, no entanto, tenho a impressão de que de mim emana algo negativo que afasta todos os demais. Às vezes acho que estou envenenada, como se de mim saísse uma porção de veneno.

Dói quando sempre somos rejeitados.

Com certeza, tal reação é dolorosa. Mas é possível conviver com ela. Há duas maneiras de reagir. Inicialmente, você deveria ter clareza de que a rejeição não tem a ver unicamente com a pessoa rejeitada, mas também com aqueles que rejeitam. Talvez as outras pessoas liguem você com alguém com quem tiveram experiências ruins. Nesse caso elas projetam seus problemas sobre você. E a única maneira de você se proteger disso é dizer para si mesma: "A rigor, elas não estão se referindo a mim, mas a outra pessoa qualquer".

A segunda maneira de reagir é buscar compreender melhor a si mesma. Por que, afinal, algo emana de mim que repele os outros? Talvez eu mesma me rejeite e os outros percebem que não estou sintonizada comigo mesma. Assim, eles se afastam de mim com medo de serem infectados por minha ruína interior. Nesse caso seria importante você se relacionar bem consigo mesma, procurando reconciliar-se com sua pessoa e aceitando-se da forma que realmente é. As outras perguntas seriam: "Levo os outros em consideração, assim como eles são?" "Não estou projetando meus problemas sobre eles?" Eles acreditam

Deixo de levar os outros em consideração, não os aceitando como realmente são? Não estou projetando meus problemas sobre eles?

que não creio neles, que desconfio deles?" Será esse o motivo pelo qual se retraem e se protegem de mim?" Nesse caso, a cada manhã, quando acordar , você deveria abençoar as pessoas que irá encontrar no dia, seja nas relações pessoais, seja nas relações de trabalho. Se abençoar os outros, você se encontrará com eles de forma diferente. Aí se tornará livre do preconceito que se fixou em você; será livre da desconfiança que talvez desde a infância se formou em sua alma; conseguirá contemplar os outros com olhos mais bondosos. Todos eles são pessoas abençoadas. Você mesma terá uma irradiação diferente sobre seus colegas, e eles a verão de forma diferente.

• • • • • • • • • • • • • • • •

Muitas vezes causo atrito no relacionamento com outras pessoas. Às vezes nem eu mesma consigo me aturar, e me julgo com dureza. É possível que, como chefe de uma creche, eu aplique inconscientemente os mesmos padrões em meus funcionários? Será que é por isso que constantemente causo conflitos?

Como posso amar o meu próximo se não amo a mim mesma?

Quais são os padrões que você aplica a si mesma? De onde provém esse juiz interno? Ele lhe faz bem? Ou seria melhor tirar o poder dele e aceitar-se assim como você de fato é? Pergunte-se também: "Por que não consigo me aturar?" "O que rejeito em mim?" Essas perguntas conduzem, em última análise, às expectativas que você alimenta em relação a si mesma. Se é possível formular essas expectativas – talvez seja a de ser perfeita, a estar sempre em boa forma, a sacrificar-se –, também será possível relativizá-las.

Se, em decorrência, conseguir relacionar-se de forma mais misericordiosa consigo mesma, também conseguirá ser mais misericordiosa no trato com outras pessoas. Não há dúvida de que você deve liderar suas funcionárias e exigir regras claras. Mas, quando se irritar com uma funcionária, deveria perguntar se não está se irritando consigo mesma. Também deveria tentar reconhecer cada uma delas em seus pontos fortes e fracos, a fim de ressaltar o lado forte e aceitar as fraquezas, de modo a não causar prejuízos.

Destitua do poder o seu juiz interno.

Numa visita à cidade vizinha, vi o marido de minha amiga de mãos dadas com uma mulher jovem e desconhecida. Quando ele me viu, passou por mim sem dizer nenhuma palavra. Pergunto-me: "Devo, em relação a minha amiga, fazer de conta que não vi seu marido?" Creio que ela não conseguiria suportar a verdade.

Se me calo, minto indiretamente. Posso fazer isso?

Posso entender muito bem seus problemas de consciência. Se disser algo para a amiga, isso poderá destruir seu casamento. Se fizer de conta que não houve nada, você teme estar mentindo. Não devemos mentir, mas também não precisamos dizer tudo. Assim sendo, eu inicialmente não diria nada a ela, mas ficaria atenta em saber como a amiga vai e me informaria sobre a convivência com o seu marido. Evidentemente, não deveria despertar desconfiança nela. Eu diria a verdade somente se ela falasse de problemas conjugais ou tivesse dúvidas quanto à fidelidade do esposo. Mas se para ela tudo estivesse às mil maravilhas, não destruiria seu mundo intacto. Nesse caso rezaria pela amiga e seu esposo, rogando que Deus abençoasse seu casamento e também o protegesse numa eventual crise.

Não devemos mentir, mas também não precisamos dizer tudo.

Há pouco tempo um grande amigo me confidenciou algo muito pessoal, pedindo-me para manter segredo. Ele só me contou porque não conseguia mais carregar esse segredo sozinho. Agora, porém, também me encontro sobrecarregado por ele. Tenho muita dificuldade em não poder falar a respeito nem mesmo com minha esposa, já que o assunto me consome. Por outro lado, também não quero trair a confiança dele.

Quanto pode nos comprometer a confiança depositada em nós por outra pessoa?

É importante que você não traia a confiança do seu amigo. Assim sendo, não deverá contar o assunto a ninguém. Caso sua esposa conheça esse amigo, também a ela nada deve ser contado, mesmo que isso pudesse ajudá-lo. Pois, nesse caso, sua esposa não poderia mais conviver com esse amigo de forma isenta. Se o segredo confiado a você o incomoda, só existem duas possibilidades. A primeira: entregar o assunto a Deus. Você compartilha com Deus aquilo que o amigo lhe confiou, pedindo que Ele o abençoe e o proteja.

A segunda possibilidade: sobre aquilo que o amigo lhe confiou e que tanto o incomoda, você conversa com uma terceira pessoa que desconhece esse amigo. Você pode, portanto, contar o segredo a um sacerdote ou a um terapeuta. Esse procedimento não é um "passar adiante". Você troca ideias com um terceiro, que é independente. Trata-se de uma forma de "supervisão". Quando tenho problemas

> É importante que você não traia a confiança. Existem possibilidades de lidar positivamente com aquilo que nos aflige.

no acompanhamento espiritual, quando não sei como deverei reagir diante de um fato, então converso sobre isso com um "supervisor". Isso não é traição da confiança, pois não menciono o nome da pessoa. Somente estou interessado na maneira de lidar com o assunto. Procure, assim, uma pessoa que não conhece o amigo e converse com ela sobre aquilo que o aflige.

Quando alguém me pede para assumir esta ou aquela tarefa na empresa, na paróquia ou no clube, geralmente respondo "sim". Como posso aprender a dizer não em determinadas situações, sem precisar ter medo de ferir ou colocar em risco minha relação com a outra pessoa?

Eu simplesmente tenho dificuldade de dizer "não".

O que ocorre com você também ocorre com muitas pessoas. Não se treinaram a dizer "não" e aceitam as coisas muito depressa. Mais tarde ficam chateadas com o fato e reclamam do descaramento: "Ela deveria saber a quantidade de trabalho que me aguarda!" Quando pessoas me contam que deploram o fato de tantos quererem algo delas, de esperar tanto delas, eu lhes respondo: "Não fique chateado com as pessoas por elas terem expectativas em relação a você. Ora, não deixa de ser um bom sinal o fato de esperarem algo de você. Isso mostra que elas têm confiança em sua pessoa. Mas cabe a você decidir se irá ou não corresponder à expectativa, pois é livre. Você se irrita consigo mesmo quando diz 'sim', ao passo que preferiria ter dito 'não'".

Por que certas pessoas têm dificuldade de dizer "não"? As razões são várias. Em certos casos podem ter medo de que o outro se sentirá ofendido. Mas ele não ficará realmente ofendido se o "não" for dito de maneira respeitosa. Talvez ele se frustre em suas expectativas, mas isso poderá ser benéfico para ele. Isso porque poderia achar que deve-se fazer tudo o que ele quer. Na verdade, ele também poderia fazê-lo. Outras pessoas têm medo de ser menos admiradas em virtude de um "não".

Relacionamentos precisam de limites para se manterem vivos.

Nesse caso é importante examinar as próprias necessidades: "Sim, quero gozar de simpatia junto a todos. Mas que preço pago por isso? Também não fico chateado se constantemente digo 'sim'? E, se fico chateado, também não serei benquisto". Para minhas relações com outras pessoas é melhor que eu seja claro. É dessa forma que bons relacionamentos podem crescer. Ali onde apenas sou benquisto, rapidamente serei explorado. E, em última análise, isso é prejudicial para a relação. Decisivo é que, com meu "não" eu nunca negue ou rejeite o outro, mas o considere em seu valor, embora me delimite claramente. Relacionamentos precisam de limites para se manterem vivos.

Há pouco tempo faleceu o pai de minha namorada. Como ela não gosta de falar sobre coisas que lhe afetam diretamente, pensei em dar-lhe um tempo. Sem sucesso, procurei por diversas vezes dar-lhe a oportunidade de falar. Agora ela está furiosa comigo, pois crê que a morte de seu pai foi indiferente para mim.

Como devo me comportar diante da namorada ofendida?

Inicialmente, sugiro que lhe escreva uma carta contando o que tinha pensado sobre o assunto. Mas também você não deveria valorizar em demasia as agressões dela, pois representam apenas um espaço sobre o qual o luto não resolvido é projetado. Na realidade, ela não se sente ofendida nem está furiosa com você. O que a machucou foi a morte de seu pai, e ela está furiosa consigo, com o destino e com Deus. Quando vocês forem conversar, ela deverá ter todo o direito de expressar sua raiva. Nessa ocasião você não precisará se justificar; pergunte, antes, como ela se sente, o que espera e deseja de você. E confie que o namoro possa ser colocado sobre uma nova base, depois de ter passado pela crise.

> Confie que o namoro possa ser colocado sobre uma nova base, depois de ter passado pela crise.

● ● ● ● ● ● ● ● ● ● ● ● ● ● ● ●

Do nosso lado mora uma senhora que vive sozinha e que diversas vezes convido para um café ou refeição, para que não esteja tão só. Sei que agora ela espera poder comemorar o Natal conosco. Mas a noite de Natal eu prefiro passá-la a sós com meu marido, e no Dia de Natal fomos convidados a passar com a família de nossos filhos.

Sou antissocial se prefiro ficar só?

É um gesto amável de sua parte convidar sua vizinha solitária para refeições ou café, mas você não pode livrá-la da experiência da solidão. Quanto mais idosos ficamos, tanto mais devemos nos confrontar com nossa própria solidão. Se conseguirmos viver bem e harmonicamente a vida a sós, experimentaremos que estamos em harmonia com todos e com tudo, então a solidão também poderá se tornar positiva. Não se deixe pressionar pelas expectativas alimentadas pela vizinha. É claro que você mostrou certa abertura para com ela; por isso deveria refletir se não pode lhe conceder quinze minutos ou meia hora no Natal. Poderia não convidá-la para sua casa, mas visitá-la, desejar-lhe um Feliz Natal e presenteá-la com algo modesto. Sua vontade de comemorar o Natal a sós com seu marido é uma necessidade legítima.

> Não deixe que as expectativas dos outros pressionem você. Permanecer a sós em algum momento é uma necessidade legítima.

Q uando estou em uma roda de amigos, muitas vezes tenho medo de ser ridicularizado. Eles costumam falar sobre outras pessoas e acabam rindo delas. Não tenho coragem de me posicionar contra isso. Tenho medo que, tomando essa atitude, eu vire alvo de gozação deles.

Por outro lado, não quero ser um desmancha-prazeres.

Ridicularizar outras pessoas é uma forma sutil de exercício de poder. Pois se outros fizerem uma piada e você não rir junto, será o desmancha-prazeres. Na verdade, você está profundamente magoado. Mas, na prática, não pode manifestar isso, pois se o fizer eles dirão que foi somente uma brincadeira.

Você dificilmente também poderá aparecer como um apóstolo da moral, dando um sermão neles, no sentido de que não deveriam difamar outras pessoas e rir delas. Nesse caso você se colocaria acima deles, sendo excluído de sua companhia. Você poderá evitar esse grupo com a consequência de *sentir-se* excluído e talvez ficar só. Também poderá dizer que para você não tem graça falar sobre outros e rir deles constantemente. Pois assim, cada membro do grupo também seria a "bola da vez" quando estivesse ausente. Se falar sobre os seus sentimentos, você os convidará a levar a sério o que sentem, já que provavelmente ninguém sente-se à vontade nessas gozações e risadas em relação a outras pessoas. O que se quer com isso é apenas desviar a atenção de si mesmo. Fala sobre os outros porque não quer se colocar na conversa, pois tem medo de conversar sobre si e sobre os seus problemas.

> Pretender viver às custas dos outros tem sempre um gosto ruim.

Se o grupo estiver de tal forma fixado nisso, é melhor procurar outros amigos, pois esse tipo de amizade não poderá sustentá-lo. Isso não passa de viver às custas dos outros e tem sempre um gosto insípido. Dê atenção à sua própria dignidade. Mesmo que esteja precisando de companhia e necessite de um grupo, não deveria permitir que essa carência passe a ser explorada no sentido de se submeter a um grupo que não lhe faz bem.

Junto com certas pessoas eu simplesmente me sinto sufocado. Nessas ocasiões parece que alguém está me fechando a garganta. Não consigo mais respirar livremente.

O que posso fazer quando outros me tiram o ar para respirar?

Primeiramente você deveria observar essas pessoas mais atentamente. Elas evocam lembranças de quem em você? Por que sente falta de ar justamente quando está perto dessas pessoas? Então poderia se perguntar: "O que essa pessoa desencadeia em mim?" "Que ferida ela abre em mim?" Depois disso você poderia imaginar o seguinte: "Eu estou totalmente comigo. Respiro e expiro devagar. Estou em harmonia comigo mesmo". Se você estiver totalmente consigo mesmo essa pessoa não terá mais um efeito tão forte sobre sua pessoa. Muitas vezes você permite ser tirado do seu centro por essas pessoas. Nessas ocasiões não está mais consigo mesmo, mas na mão do outro. Ele tem poder sobre você, e esse poder é vivenciado como aflitivo e ameaçador. Imagine que essa pessoa não tenha qualquer poder sobre você, afastando-se dela internamente. Então poderá visualizá-la a distância, ver o que ela irradia e quais os papéis que desempenha. Você a observa, mas não lhe concede mais poder sobre sua pessoa. Decisivo é que você permaneça consigo mesmo. Assim, o outro não lhe tirará mais a respiração.

Não se deixe desviar do seu centro.

Não consigo lidar com minhas duas colegas de trabalho. Quando chego ao escritório elas já estão falando sobre outras colegas. Tenho a impressão de que falam da mesma maneira também sobre mim. Quando, no entanto, permaneço calada, elas interpretam isso como arrogância.

Não quero participar de intrigas, mas também não pretendo me excluir.

Simplesmente não ouça a intriga e a fofoca sobre outros e pergunte amigavelmente por alguma outra coisa. Nesse caso você não se submete, mas também não se coloca acima dos outros.

Com certeza é difícil mostrar abertura e confiança na presença de pessoas que constantemente falam sobre outros, pois eu não sei se elas também irão falar de mim da mesma forma. Mas posso manter distância, embora de forma amigável. Também posso tentar conversar com elas individualmente em outro nível. Quando elas estão juntas provavelmente não será fácil criar outra cultura de diálogo. Mas quando você estiver a sós com uma colega poderá falar mais abertamente. Importante é permanecer livre interiormente. Não é necessário que você se adapte. No entanto, também não deve olhar depreciativamente para os outros, mas sempre crer que eles também têm um núcleo de bondade, e esse núcleo bondoso haverá de se mostrar no momento adequado.

Importante é que você permaneça livre interiormente. Não precisa se adaptar.

• • • • • • • • • • • • • • • •

Há algumas semanas briguei com minha namorada. Iniciamos o namoro já como estudantes e o mantivemos por longo tempo. Entretanto, ultimamente noto que estamos tendo desentendimentos frequentes. Quando conto algo de mim ela me acusa de estar girando unicamente em torno de minha pessoa, que eu deveria me preocupar mais com ela, pois está passando muito mal e precisa de minha ajuda. Mas quando pergunto como poderei ajudá-la, ela me responde bruscamente que isso é coisa que eu mesmo deveria saber.

Não sei mais como e se, de fato, ainda devo continuar o namoro.

Você deve ser grato pelo namoro que manteve vocês unidos por longos anos. Os desentendimentos, porém, mostram que o namoro precisa mudar. Aparentemente sua namorada fica com inveja quando você está bem. Ela gostaria de tê-lo só para si. A pergunta é se essa situação não acaba por conduzir a um namoro unilateral, em que você é sempre o doador, sem nunca poder receber alguma coisa. Assim sendo, seria bom esclarecer o grau desse namoro. Inicialmente eu me daria certo tempo para esclarecer a situação comigo mesmo. Depois solicitaria uma conversa esclarecedora. Se a sua impressão for a de que ela tem uma imagem fixa de você e do namoro de vocês e de que não está disposta a ser flexível, então seria, sim, apropriado ponderar a possibilidade de terminar esse relacionamento. Mas isso não deveria acontecer simplesmente por ambos não manterem mais contato, o que teria um gosto amargo para vocês dois. Deveriam, isto sim, entrar em acordo sobre um ritual, seja

Avalie todas as boas experiências de sua história juntos. Depois, faça aquilo que desencadear dentro de você mais paz, amor, liberdade e vitalidade.

para colocar o namoro sobre uma nova base, seja para terminá-lo de forma amigável. Nesse contexto seria importante você fazer uma avaliação de todas as boas experiências, agradecê-la por tudo o que pôde experimentar na convivência com ela e levar consigo as boas recordações. Simplesmente sinta em seu coração as duas alternativas. E, depois, faça aquilo que desencadear em você mais paz, amor, liberdade e vitalidade.

● ● ● ● ● ● ● ● ● ● ● ● ● ● ● ● ●

E xperimento sempre de novo que no transcorrer de uma conversa pessoal mais reservada uma parceira de diálogo se sente agredida quando expresso minha opinião contrária. Sinto claramente que, nesses casos, a energia negativa prejudica a conversa e os encontros.

Por que certas pessoas reagem tão ofendidas?

Se alguém reagir de forma ofendida numa conversa pessoal só por eu ter expressado opinião diferente, então isso sempre permite inferir uma baixa autoestima. O outro é sensível. Ele se sente agredido por minha opinião ser diferente ou então não aceito como pessoa. Muitos creem realmente que a aceitação de uma pessoa depende de se ter opinião idêntica em tudo. A pergunta é como se reage a tal situação. De início é perfeitamente possível que eu pergunte a mim mesmo se porventura não externei minha própria opinião de forma excessivamente rude e se, fazendo assim, não se fez entreouvir também algo como rejeição do outro. Uma autoanálise é sempre plena de sentido. Entretanto, se percebo que expressei minha opinião com toda a objetividade e sem segundas intenções, sem oprimir o outro, então as perguntas cabíveis seriam: "Por que o outro reage de forma tão ofendida?" "Que parte sensível eu atingi nesse caso?" É bom compreender o que ocorreu na situação.

Bom seria poder interpelar diretamente a outra pessoa: "O que te feriu agora?" Mas devo sentir se essa atitude é recomendável para o momento. Pois há indivíduos que não

> Por que o outro reage de forma tão ofendida? Que parte sensível eu atingi nesse caso? É bom compreender o que ocorreu na situação.

querem e nem conseguem falar sobre certas coisas pessoais. Eles provavelmente não conseguem admitir que reagem ofendidos. Importante é não reprovar o outro, mas também não provocar má consciência em si próprio. Posso tentar entender a situação. A seguir é preciso que confie em meu próprio sentimento: "Devo encerrar a conversa de maneira amigável ou tematizar o problema?" O decisivo é que eu não dê poder algum àquela pessoa que reage de maneira ofendida, mas deixe-a consigo mesma e com a sua reação.

•••••••••••••••••

Fundei uma empresa com meu amigo. Agora constatei que ele tomou dinheiro da empresa para si. Desde que ele tem uma namorada, não é mais honesto comigo. Eu o busquei para a empresa, dando-lhe a oportunidade para se tornar alguém. Agora ele me engana descaradamente. Como devo proceder?

Ser trapaceado por um amigo é duplamente doloroso.

Você agora está reconhecendo outros lados do seu amigo. Enquanto era seu benfeitor, ele estava do seu lado. Aparentemente isso não era totalmente sem segundas intenções. Agora ele só pensa em suas próprias vantagens. Talvez ele tenha tão pouca autoconfiança e estabilidade que sinta necessidade de provar coisas diante de sua namorada, mostrando-se dono de muito dinheiro. Você confiou no núcleo de bondade dentro dele, mas agora aparecem lados seus que você não podia prever. A superação da imagem ideal que nutria por ele é um processo dolorido. Por outro lado, não deveria permitir ser enganado. A desonestidade do amigo, porém, não deve levar a que passe a considerá-lo como um inimigo que você combate. Mas nem por isso deixe de lutar pelos seus direitos. Também ao amigo não faz bem ser desonesto e explorador. Pense, pois, em como poderia encontrar uma clara solução para o caso e resguardar os seus direitos. É importante que você não se vingue, mas encontre um acordo claro que consiga restabelecer a justiça.

3 PAIS, FILHOS E PARENTES
Quando a família se torna problema

Família é um espaço de intimidade e proximidade. Proximidade gera calor, proteção e segurança. Na família, entretanto, nem sempre experimentamos só dedicação e amor. Ocorrem brigas, decepções, injustiças. Os implicados também provocam dores uns aos outros. Família é, além disso, também um lugar em que se pode crescer. Relacionamentos também podem e devem mudar. Também isso pode levar a problemas e ao estresse. Isso sempre existiu em famílias. Novos temas também afloram: nos últimos tempos ouço com mais frequência a respeito de relações rompidas entre pais e filhos. Muitas vezes são justamente as avós que sofrem devido à interrupção do contato com elas pelos seus próprios filhos, impedindo-as, assim, de verem seus netos. É claro que existem situações em que é salutar para os filhos aumentarem a distância em relação aos pais. E também uma separação temporária pode fazer sentido. Quando, no entanto, o contato é rigorosa e definitivamente rompido, não são só os pais que sofrem. Os filhos mesmos cortam as raízes que os poderiam sustentar. Seguidamente os pais me perguntam de que maneira poderiam restabelecer o contato. Só que, quanto mais os pais procuram restabelecer o contato, tanto mais obstinada se torna muitas vezes a rejeição. É necessário muita paciência e confiança. É necessário o anjo da esperança, que nunca desiste. Muitas vezes não vemos nenhum avanço no relacionamento interrompido. Mas deveríamos esperar que algum dia aquilo que foi danificado seja curado, e o que ficou turvo seja esclarecido.

Minha mãe perdeu a criança nascida antes de mim devido a um trágico acidente, quando ela tinha quatro anos. Minha mãe se considera culpada pela tragédia. Minha impressão é que eu fui apenas o filho substituto. Ela se fechou em seu luto e não teve coração para nós crianças. Ela nem podia se preocupar conosco por estar ocupada unicamente com sua dor e seu luto. Essa é a razão pela qual meus irmãos detestam minha mãe. Eu, porém, não sei como devo me relacionar com ela.

Não concebo poder viver tendo ódio de minha mãe.

Inicialmente é importante que você valorize a estratégia de sua mãe. Ela teve de fechar o seu coração para não enlouquecer. Essa foi a sua única possibilidade de funcionar mais ou menos e de dar aos filhos aquilo de que necessitavam exteriormente. Ela não tinha capacidade para uma dedicação emocional. Se você conseguir dar valor a essa realização de vida, então também poderá permitir a dor. Você não experimentou nenhuma mãe que tivesse um coração para a sua pessoa. Você experimentou uma mãe fechada. Ela não o viu em sua singularidade, mas sempre só como substituto do seu irmão. Reconhecer isso dói. Mas agora reflita: mesmo assim você conseguiu viver e vencer na vida sem uma mãe amorosa. Confie na força que está em seu interior. E em seguida considere seu irmão que morreu. Talvez tenha raiva dele pelo fato de sua mãe só ter se preocupado com ele, e não com você. Mas seu irmão não tem como interferir nisso. Ele agora está no céu junto de Deus. Estabeleça

> Se você conseguir dar valor à realização de vida de sua mãe, então também poderá permitir a dor por causa dela.

contato com ele e lhe peça para tornar-se seu acompanhante interior, para lhe enviar aquilo que ele não pôde viver aqui na terra, a fim de que sua vida fique mais enriquecida e colorida por seu intermédio. Nesse caso seu irmão não estará mais no poder da mãe: ele terá se tornado seu irmão, que lhe pertence, apoia e fortalece em sua caminhada.

● ● ● ● ● ● ● ● ● ● ● ● ● ● ● ●

Um tio abusou sexualmente de mim quando criança. Sobre esse assunto, com exceção de minha terapeuta, ainda não conversei com ninguém. Como devo proceder? Devo confrontar esse tio e a família com o fato?

Como consigo superar o abuso psiquicamente?

Normalmente a confrontação com o autor faz parte do trabalho de superação do abuso sexual. Mas é preciso que você dê boa atenção a si mesma nesse processo. Avalie essa confrontação com sua terapeuta. Se você for até seu tio e lhe disser que ele abusou de você sexualmente, é possível que volte a ser machucada novamente. Por isso faz-se necessária certa estabilidade para confrontar o autor com o seu ato. Importante também seria informar seus pais sobre o ocorrido. Como eles irão reagir perante a informação, se vão proteger ou descartar o tio, isso caberá a eles decidir. Mas os relacionamentos só podem ser curados com a verdade.

A pergunta é o que pode ajudar a você mesma. A terapia é seguramente uma boa ajuda. Mas será preciso ter paciência. Abuso como ferimento profundo não se cura tão rápido. Nunca perca a esperança de que também a sua ferida em algum momento acabe se transformando em pérola.

O primeiro passo: permitir a raiva e jogar o autor para fora de si, libertar-se dele e de seu poder. O segundo passo: deixar o abuso com seu autor e dissolver a ligação interna com ele. E o terceiro: realizar avanços no espaço interior do silêncio, no fundo de sua alma.

O autor a feriu profundamente. Mas o núcleo mais profundo ele não pôde ferir. Isso lhe dá a sensação de liberdade e dignidade.

Ali onde existe quietude em você, ali onde Deus mora dentro de você, até ali a ferida – por mais profunda que seja – não pode chegar. Ali você se encontra intacta e inteira. Imagine que possa descansar ali, naquele espaço de quietude, protegida do profundo ferimento. Ali você experimenta seu núcleo mais profundo como puro e não machucado. Isso faz com que, em meio às dores, você encontre uma terra natal em si mesma. O autor a feriu profundamente, mas o núcleo mais profundo ele não pôde ferir. Isso lhe dá a sensação de liberdade e dignidade.

• • • • • • • • • • • • • • • • •

M inha filha acusa meu marido, seu pai, de ter abusado sexualmente dela quando criança. Conversei abertamente sobre isso com meu marido. Ele disse que não houve nada. Não tenho a impressão de que meu marido esteja mentindo para mim. Minha filha, no entanto, não rompeu o contato completamente só com meu esposo, mas também comigo. Ela me acusa de ter tomado o partido do pai. Essa situação me causa sofrimento.

Como devo proceder diante da suspeita?

Não é fácil você se comportar corretamente nesse caso. Confie no sentimento que teve durante a conversa com seu marido. É claro que existe a possibilidade de seu marido estar reprimindo o abuso. Mas se ele, após exame de consciência sincero, reconhecer não ter havido nada, eu acreditaria nele. Isso não significa que sua filha esteja mentindo. Talvez ela tenha realmente experimentado situações como sendo desrespeitosas. É possível também, no entanto, que ela tenha procurado no suposto abuso apenas a fundamentação para o fato de não estar bem. Talvez ela tenha sonhado algo a respeito. De fora é muito difícil decidir sobre quem realmente está dizendo a verdade. Você deveria levar ambos a sério, sua filha e seu esposo.

Se a sua filha interromper o contato com você por confiar em seu marido, isso dói bastante. Mas você não deve deixar-se instrumentalizar por ela. Talvez simplesmente tenha se acumulado nela muita raiva contra o pai. As feridas também podem se encontrar

> De fora é muito difícil decidir sobre quem realmente está dizendo a verdade. De qualquer forma, você deveria levar ambos os lados a sério.

em outras áreas. Diga a sua filha que confia nela, que sofre com ela, mas que não se deixará levar para nenhum dos dois lados. Quanto ao seu marido, não deveria nem defendê-lo nem acusá-lo sem saber com certeza o que exatamente aconteceu. Ofereça a sua filha a possibilidade de falar com você sobre todas as experiências que ela teve como abuso. Fale tudo com ela. Importante é simplesmente deixar a dúvida em aberto e rezar para que ocorra uma reconciliação entre você e sua filha e, talvez mais tarde, também em algum momento entre ela e seu esposo. De qualquer forma, a filha necessita de uma terapia para identificar e conseguir superar tudo aquilo que a oprime.

●●●●●●●●●●●●●●●●●●

D ias atrás meus pais convidaram os seus filhos para falar sobre as regras que regem a herança. A conversa não fluiu bem. Nós irmãos nos desentendemos, nossos pais estavam desamparados. Eles queriam fazer o que é correto para todos nós. Mas não sabiam como.

Fiquei profundamente decepcionado. Pensei que nós irmãos nos amássemos.

Em questões de herança o assunto nunca gira unicamente em torno da divisão do dinheiro ou dos bens, mas em última análise de temas como: Quem de nós irmãos é o querido do pai, da mãe? Quem experimentou pouco amor? Quem tem a sensação de ter ficado pra trás? Inicialmente é importante não fazer exigências de forma moralizadora: "Devemos nos amar. Até agora sempre nos entendemos bem". Primeiramente deve-se aceitar e lamentar que sob o manto do amor aparentemente se encontram outros sentimentos que afloram agora quando se trata de herança. Podem ser sentimentos de rivalidade, decepção, amargura, agressão. Não é fácil dar adeus à imagem da família ideal. No segundo passo, porém, caberia analisar com sobriedade: O que está vindo à tona? Como se sente cada um dos irmãos? O que está emergindo que até hoje ignoramos? O que dificulta tanto para nós falar sobre a herança de uma maneira objetiva? O terceiro passo consistiria em falar com toda a calma em particular com seus irmãos – com cada um deles em particular –, não proferir acusações, mas simplesmente perguntar:

Não perca a esperança de que existe, apesar de todas as turbulências, um caminho que pode ser trilhado em conjunto.

"Como você vê toda a situação?" "O que o irritou emocionalmente?" Não se trata de avaliar nem de persuadir, mas de entender. Depois de cada um ter expressado seus sentimentos, pode-se ponderar: O que fazemos agora com esse caos? O que é preciso esclarecer previamente antes de passar para a divisão da herança? E existe um caminho justo? O que você teria a sugerir concretamente? Importante é que a atmosfera superaquecida, que aparentemente ocorreu na conversa, seja refrescada e você fale de maneira bem sóbria com seus irmãos. Nesse contexto, entretanto, você deveria estar sempre cheia de esperança de que existe, apesar de todas as turbulências, um caminho que pode ser trilhado em conjunto.

• • • • • • • • • • • • • • • • •

Prometi a minha mãe, ainda antes do seu falecimento, que me preocuparia com meu irmão. Ele é instável, toma e perde o contato com a realidade. Quando discuto com ele, se retira ou se esquiva. Agora condicionei toda ajuda futura à realização de um tratamento para recuperação de viciados por parte dele.

É correto colocar condições?

Você não deveria quebrar a promessa feita para sua mãe. Mas pode interpretá-la de maneira subjetiva. Você não ajuda seu irmão se sempre faz o papel de apagador de incêndio. Não ajuda nada a um alcoólatra que sejam simplesmente ignorados os *déficits* que ele deixa para trás com a bebida. A única coisa que o ajuda é ser muito consequente com sua pessoa. Isso significa, primeiro de tudo, solicitar-lhe que faça um tratamento de abstinência. Nessa tarefa você o apoiará. Caso ele se negue, pode dizer-lhe também que não está mais disposto a dar uma mão quando ele estiver em necessidade. Caso contrário, só contribuiria para ele continuar fazendo como tem feito até o momento. Ele repassa a responsabilidade da sua vida a sua mãe e agora a você, em lugar de sua mãe. Mas isso não é ajuda. Você se preocupa com seu irmão, sendo consequente: solicitando que ele faça um tratamento de abstinência e, se ele não o fizer, negando-lhe consequentemente toda ajuda. Dessa forma você fará jus à promessa dada para a mãe, e também não se sobrecarregará.

Não se sobrecarregue!

•••••••••••••••

Há alguns anos não obtenho mais resposta do meu afilhado à minha correspondência de aniversário e Natal. Agora ele completará 18 anos e eu gostaria de lhe dar dinheiro de presente, economizado para essa data desde o seu nascimento.

É certo dar um presente quando a pessoa presenteada não reage ao que recebe?

Antes de imaginar que seu afilhado não responde de propósito, eu refletiria primeiramente sobre os motivos de tal atitude. Pessoas jovens hoje em dia muitas vezes não conseguem mais escrever uma carta. Elas não têm capacidade de expressar seus sentimentos numa carta. Isso é pena. Mas é a realidade. Quem sabe nas próximas vezes você experimente congratulá-lo por telefone. Se ele não reage a presentes, eu não os daria mais. Enquanto o relacionamento não for esclarecido e você não tiver a sensação de estabelecer contato com ele, não deveria lhe dar o dinheiro. Pois nesse caso iria se sentir explorado. Eu esperaria pelo momento acertado para lhe dar o dinheiro. Confie em seu próprio sentimento.

Confie em seu próprio sentimento.

• • • • • • • • • • • • • • • •

M inha mãe valoriza muito o cuidado da sepultura. No cemitério em que está enterrado o meu pai existe uma verdadeira disputa por quem possui a sepultura mais bonita. Acho isso inadequado e, devido ao fato, várias vezes eu e minha mãe acabamos brigando. Há pouco tempo tive de prometer-lhe plantar flores, zelar pela sepultura e cuidar dela conforme ela gosta, depois de sua morte. Se fosse pelo meu gosto, preferiria mandar colocar uma laje sobre a sepultura – não porque eu seja muito preguiçoso, mas porque não quero me expor a essa disputa. Gostaria de conservá-la bonita, mas simples.

> *Por acaso devo ignorar a última vontade de minha mãe depois da sua morte?*

Cuidar das sepulturas é expressão de amor pelos mortos. Quando for cuidar da sepultura de sua mãe, não deveria olhar para as outras, mas apenas expressar o seu amor com esse gesto. Eu também seria cauteloso em presumir que a mãe quisesse vencer dos outros com o seu cuidado da sepultura. Essa interpretação é sua. Você não precisa participar da disputa. Não se compare com outros, mas confie em seu amor. Se, no entanto, só colocar uma laje sobre a sepultura, aí mesmo que estará dependente dos outros. Por não querer participar da disputa, você o faz bem diferente, deixando-se, portanto, determinar pelo comportamento dos outros. Prefira ser determinado pelo desejo da mãe. Realize-o, porém,

> Procure seguir o desejo de sua mãe. Realize-o, porém, de tal forma que seja igualmente do seu agrado.

de tal forma que seja igualmente do seu agrado. Não atente para o modo como as outras sepulturas são adornadas, mas cuide da sepultura de tal forma que todo o seu amor por sua mãe seja expresso desse jeito.

●●●●●●●●●●●●●●●●●●

O esforço que dispendi durante toda a minha vida foi o de estar presente para os outros, em especial para a minha família. Ultimamente, contudo, tenho cada vez mais a impressão de não estar colhendo suficiente agradecimento por isso. Para meus filhos – o filho tem dezoito anos, e a filha, vinte e um – é natural que eu esteja sempre a postos quando eles necessitam de algo. Tampouco meu marido sabe valorizar o trabalho que faço como dona de casa – talvez por ser um tipo de trabalho que ele nem percebe enquanto navega no brilho das vitórias profissionais. E também minha mãe cada vez mais se queixa de eu ter muito pouco tempo para ela; quando, na verdade, ela está comigo uma vez por semana, durante todo o dia. Sou uma má cristã por desejar reconhecimento para mim, em vez de só agir por amor abnegado ao próximo?

Como posso fazer minha família perceber que necessito de um pouco mais de reconhecimento?

É natural que você conte com gratidão quando se empenha por outras pessoas. Isso não a torna uma má cristã. Mas as expectativas querem conduzi-la para a humildade. Ora, sua ajuda não é totalmente altruísta. Você agrega desejos a ela. O sentimento de decepção deve lhe mostrar que deveria encontrar um novo equilíbrio entre aquilo que faz para os outros e aquilo que faz para si mesma. Se você se dedicar exclusivamente aos outros jamais experimentará a gratidão que tanto almeja. Você percebe que não age de forma totalmente altruísta, mas que também quer algo por isso; a saber, a gratidão.

> Você é a responsável por si e pelo seu bem-estar. Não deve tornar-se totalmente dependente da gratidão dos outros.

Um caminho seria, pois, o de dizer para si mesma: "Estou à disposição da minha família porque quero e porque assim julgo apropriado, não para experimentar gratidão". Entretanto, ao mesmo tempo deveria se perguntar: "Onde negligencio minhas necessidades?" "Quando fico amargurada por sempre ter colocado em segundo plano meus próprios desejos?" Depois disso deveria pensar em cuidar bem de si mesma e dar-se o direito de realizar aquilo a que aspira. Você é a responsável por si e pelo seu bem-estar. Não deve se tornar totalmente dependente da gratidão dos outros. Pois, nesse caso, sempre estará decepcionada.

Caso sua mãe reclame que tem pouco tempo para ela, leve a sério esse desejo por mais tempo, mas não se deixe colocar sob pressão. Mães muitas vezes evocam sentimentos de culpa em suas filhas pelo fato de terem pouco tempo para elas. Não permita que lhe provoquem sentimentos de culpa. Decida quanto tempo quer disponibilizar para ela. E ouça todos os demais desejos, mas deixe-os com a mãe. Sim, a mãe pode ter expectativas. Mas você não precisa cumpri-las de qualquer maneira. Sinta-se livre, e então poderá estar à disposição de sua mãe naquele dia específico. Ela pode externar esses desejos. Mas não se deixe colocar sob a pressão de ter de cumpri-los continuamente. Você decidiu-se pela sua medida de atenção a ser disponibilizada, e deveria comprometer-se com ela.

A cada ano meu esposo e meus filhos querem viajar juntos para as férias. Mas todo o trabalho da preparação fica a meu cargo. Tenho que zelar e pagar pela hospedagem e devo pensar em tudo quando preparo as malas. Não existe gratidão por isso. Mas quando algo não dá certo, quando esqueci de empacotar alguma coisa ao fazer as malas ou quando a pousada não é como meu marido e os filhos esperavam, aí sou criticada. Nem consigo mais me alegrar com as férias em família; mas noto também que, com isso, prejudico a mim mesma.

Não quero ser sempre responsabilizada quando algo não dá certo.

Você não deveria assumir toda a responsabilidade pelas férias sozinha. Dessa forma tornar-se-á em bode expiatório quando certas coisas não acontecem assim como os outros as esperam. Converse com eles sobre a próxima viagem de férias e reflita sobre como as tarefas e responsabilidades podem ser distribuídas. Você não faz nenhum favor a si ou à sua família se os outros só permanecerem expectadores e criticam o que você faz. Se cada um assumir responsabilidades, todos notarão que as coisas exteriores nunca conseguem ser planejadas com perfeição, e também o que significa pensar em tantas coisas. Assim também surge mais sentimento de comunhão. Distribuir as responsabilidades é, portanto, o primeiro passo. E mais uma coisa é importante: não se coloque sob pressão. Vá para as férias com serenidade. Se alguma coisa não ficar de acordo com o esperado, enten-

Decisivo é estarem juntos. Faça, portanto, aquilo que pode e confie que também os outros darão a sua contribuição.

da-o como bom desafio à flexibilidade da família. Decisivo é que vocês possam ir juntos para as férias. Faça, portanto, aquilo que pode e confie que também os outros darão a sua contribuição. Confie também na espontaneidade dos seus filhos, que sempre bagunçam o programa originalmente acertado. Assim, eles darão um refrigério à vida familiar.

•••••••••••••••••••

Sempre que me arrisco a fazer algo de novo ouço a voz do meu pai dentro de mim: "Você não sabe isso". "Não vai conseguir isso". "Justamente você pretende começar coisa assim!" Conheço essas vozes negativas. Mas só consigo resistir a elas com dificuldade.

Meu pai nunca me julgou capaz de realizar algo.

Em sua narrativa da ressurreição Mateus nos conta como os guardas que faziam vigília no túmulo de Jesus caíram ao chão. Isso representa um sinal de esperança para nós. Quando o anjo de Deus entra em nossa vida, também nossos vigias de morte perdem o poder. Mas, que contribuição podemos dar nesses casos? O primeiro passo consiste em perceber essas vozes. Elas retornarão sempre de novo. Eu as ouço. Digo-lhes: "Conheço-vos. Mas não vos sigo. Hoje não vos dou poder. Hoje faço aquilo que eu mesmo sinto. Não sou mais a criança que podeis manipular". Eu, portanto, percebo essas vozes e me distancio delas. Dessa forma elas perdem poder.

Outro caminho consiste em sepultar esses vigias de morte por meio de um ritual. Pode-se tomar uma pedra e meditar sobre ela. A pedra me lembra do que, de que carga, de que voz incriminadora e opressora? Depois disso, sepulte essa pedra. Você pode fazê-lo conscientemente diante de uma pessoa de confiança e, ao realizar o sepultamento, também explicar com palavras o que pretende sepultar ali para sempre. Outro ritual seria procurar algumas pedras e vincular cada uma delas a uma determinada frase do pai ou de outra pessoa,

Percebo as vozes e me distancio delas. Dessa forma elas perdem poder.

e então passar a jogá-la com força num rio ou num lago. Isso pode libertá-lo em boa medida do poder dessas vozes. Mas é preciso ter paciência. Essas vozes retornarão. Quando isso ocorrer, lembre-se do ritual: você sepultou a pedra e quer que ela fique sepultada, ou que a jogou na água e de que ela está bem guardada por lá.

• • • • • • • • • • • • • • • • • •

Meus pais se separaram há cinco anos. Desde aquela data, a rigor não existe mais contato com o meu pai. Não tenho interesse em sua pessoa e em sua vida. Não lhe telefono nem na data do seu aniversário. Em contrapartida ele também não se comunica. Não consigo superar a indiferença em relação a ele.

Sou uma filha ruim?

Não avalie o seu comportamento em relação ao seu pai. Mas aparentemente você sofre com essa indiferença. Eu repararia inicialmente na razão pela qual seu pai não lhe interessa mais. Trata-se do ferimento que apareceu quando ele a abandonou? Encarar essa ferida causaria dor grande demais? Quando olha para seu pai, o que a fascina nele? O que a atraiu como filha pequena? Você também tem raízes em seu pai. Se cortar por completo essas raízes, vai lhe faltar algo essencial. Sendo assim, certamente faria sentido reconstruir novamente o contato com ele. Não se force a fazer isso, mas também não se omita. Aliás, está também em seu próprio interesse encontrar novamente suas raízes paternas. Só assim sua árvore da vida poderá florescer.

> Não se force a fazer nada. Aliás, está também em seu próprio interesse encontrar novamente suas raízes paternas. Só assim sua árvore da vida poderá florescer.

Meu filho rejeita o contato conosco, seus pais. Ele também nos impede de fazer contato com nosso neto. Não entendemos como ele consegue se enclausurar dessa forma. Sofremos enormemente com isso.

O que fizemos de errado?

É doloroso quando o filho se afasta dos pais e impede aos avós o contato com o neto. O que leva o seu filho a agir assim também eu desconheço. Só posso aventar hipóteses. Talvez ele tenha a impressão de ter que se isolar por ter feito pouca coisa até agora. Às vezes existem filhos que de repente percebem que ainda não sabem quem realmente são. E aí precisam apresentar sua identidade com violência, distanciando-se totalmente dos pais. Isso naturalmente é sinal de imaturidade. Mas às vezes filhos necessitam dessa fase para poderem encontrar a si próprios. Vocês, portanto, não podem fazer muita coisa a não ser rezar e esperar que algo se transforme no filho e que ele algum dia se torne novamente apto a reconstruir um contato normal com vocês. Em seu lugar eu, de qualquer forma, mandaria uma saudação ou escreveria uma carta no Natal, no aniversário e, se possível, na data em que liturgicamente se celebra o santo de nome idêntico ao dele. A carta não seria de reprimenda, mas, de qualquer forma, uma carta em que você expressaria sua dor e o desejo de fazer tudo para possibilitar um bom relaciona-

Às vezes filhos necessitam passar por tais fases. mento. E deseje ao seu filho tudo aquilo que ele necessita para ser totalmente ele mesmo e ter felicidade em sua vida.

Minha afilhada de 19 anos engravidou a contragosto. Ela não recebe apoio nem dos seus pais nem do pai da criança, e, por isso, preferiria abortar. Eu não quero isso, mas posso entendê-la.

Como posso convencê-la de que o aborto seria um erro?

Eu encorajaria sua afilhada a permanecer com a criança. Não argumentaria a partir da proibição do aborto, mas com base nas consequências para a psique. Eu já presenciei muitas mães que abortaram numa situação de necessidade, mas depois não conseguiram ficar tranquilas a esse respeito.

Um aborto provoca sentimentos de culpa e autorrepreensões em toda mãe. Mesmo assim, você deveria compreender que não é tão fácil gerar uma criança aos 19 anos. Mas em cada mãe também existe a alegria pela criança que cresce dentro dela. A você cabe fortalecer essa alegria e encorajar sua afilhada, esclarecendo que, através da criança, ela também entrará em contato com novos lados, forças e capacidades dentro de si. Com o nascimento também crescerá a força dentro dela. Ela se tornará mais madura com a experiência.

> Fortaleça a alegria. Encoraje-a, tornando claro que, através da criança, ela também entrará em contato com novos lados, forças e capacidades dentro de si.

• • • • • • • • • • • • • • •

Nas questões de herança houve desentendimentos entre nós irmãos após a morte dos pais. Desde aquela época não foi mais possível entrar em contato com minha irmã. Ela rejeita uma conversa clara a esse respeito. Isso me dói, pois somos apenas dois irmãos. Sinto-me desamparado. Gostaria de uma reconciliação, mas não tenho nenhuma chance.

Tenho muitas dificuldades
para lidar com essa situação
inconciliável.

Se a sua irmã rejeita qualquer diálogo só lhe resta o seguinte caminho: procurar se reconciliar com ela dentro de si próprio. Não alimente nenhum ressentimento contra ela. Lamente que momentaneamente não seja possível nenhum relacionamento e que ela tenha se fechado dessa maneira. Ao mesmo tempo, no entanto, você pode orar por sua irmã e abençoá-la, na esperança de que ela venha a encontrar paz consigo mesma. E quando ela encontrar essa paz consigo mesma, também voltará a ter abertura para um diálogo. Escreva-lhe uma carta ou um cartão de congratulações a cada ano para o Natal e para o seu aniversário, sem entrar no conflito e sem reprimendas. Deseje-lhe aquilo que ela precisa para si: paz, saúde, alegria, esperança e confiança. Deseje-lhe o anjo da serenidade, a fim de poder encarar certas situações com mais tranquilidade. E

Confie que o gelo irá se quebrar.

confie que em alguma ocasião se quebrará o gelo e sua irmã aceitará um convite para o seu próprio aniversário.

M eus pais e meus sogros esperam que os visitemos com nossos filhos na véspera e no dia de Natal. Sinto, no entanto, que essas duas visitas sempre nos roubam a alegria do Natal. Mas tenho medo de recusar a visita, pois sei que, nesse caso, meus pais e meus sogros ficarão magoados. Preciso me decidir. Mas sinto que a decisão me pressiona e que ela é percebida como uma sombra sobre toda a preparação da festa.

A paz natalina da família está seriamente em perigo.

Reflita juntamente com seu esposo como vocês mesmos imaginam a festa do Natal, o que necessitam para si e para sua família para festejar o Natal, de tal forma que corresponda ao mistério da festa. E então reflitam sobre como devem lidar com as expectativas dos pais e dos sogros. Que eles tenham expectativas é muito natural, e não compete censurá-los por isso. Mas a forma como vocês reagem diante das expectativas deve ser unicamente decisão de vocês. Procurem uma solução que leve em consideração suas próprias noções e que seja, simultaneamente, uma resposta que considerem adequada diante das expectativas de seus pais e sogros. Mas decidam-se, e depois repassem cordialmente a sua decisão para eles. É possível que a reação não seja de muita compreensão, mas vocês devem contar com isso. Se for o caso, não fundamentem sua decisão com muitas palavras nem se desculpem mil vezes. Tenham compreensão para com a reação deles e deem-lhes tempo para se familiarizarem com a decisão. Mas permaneçam naquilo

Tenham compreensão para com a reação deles e deem-lhes tempo para se familiarizarem com a decisão. Mas permaneçam naquilo que decidiram.

que decidiram. Se viajarem com sentimentos negativos em relação aos pais e aos sogros, ninguém ganhará nada com isso. Aproveitem então o tempo em que os presentearão estando totalmente presentes e sendo abertos e afetuosos. Assim, a festa de Natal se transformará em bênção.

Cuidei da minha mãe e fiz para ela tudo o que foi possível. Agora ela faleceu. Em seu testamento ela favoreceu meu irmão que nada fez para ela. Como consigo me livrar da minha amargura em relação ao meu irmão que, aparentemente, levou minha mãe a modificar sua última vontade em benefício próprio?

Esse testamento me magoou muito.

Posso entender bem sua decepção. Deve lamentar que sua mãe não soube dar valor ao seu empenho dedicado a ela, tendo provavelmente cedido à pressão do irmão. Esse luto pela decepção dói. Mas o objetivo do lamento é que, passando pela dor, você alcance o fundo de sua alma. E ali é possível você experimentar liberdade e paz. E aí também sentirá: cuidei da minha mãe e consegui me despedir bem dela. Sinto que o testamento teve esse desfecho. Mas não cuidei da minha mãe para ganhar mais dinheiro na herança. Se o fiz, foi para manifestar-lhe o meu amor. E isso fez com que, dentro de mim, tenha ficado um bom sentimento. Todo o restante não é tão importante ao lado disso. Mais importante do que o dinheiro é a recordação dos encontros com minha mãe e daquilo que fiz a ela por amor. Essa lembrança faz com que eu esteja limpa comigo mesma, e isso é mais importante do que qualquer outra coisa.

> Estar limpa comigo mesma é mais importante do que qualquer outra coisa.

• • • • • • • • • • • • • •

Minha irmã e seus filhos me acusam constantemente de eu ser demasiadamente egoísta, uma vez que me preocupo muito pouco com minha mãe idosa. Ocorre que moro muito longe dela. Quando vou visitá-la só experimento acusações e recriminações bastante fortes.

Posso me proteger contra os sentimentos de culpa?

Quando alguém nos incute sentimentos de culpa, imediatamente um lado de nossa pessoa é desperto. Pois não temos garantia de que é absolutamente certo o que fazemos. Você precisa decidir diante de si e de sua própria consciência quanto é possível fazer para sua mãe e quando é necessário que você cuide de si mesmo. E então você deveria assumir essa decisão. Se sua irmã e os filhos dela constantemente lhe fazem acusações, caberia examinar o que, mais exatamente, eles transmitem com essa atitude. Talvez seja a própria má consciência deles que projetam em relação a você. Talvez eles próprios não façam o suficiente pela sua mãe ou então sentem resistência interior para cuidar dela. Para não precisar admitir isso em si eles projetam sobre você seus próprios problemas, a fim de torná-lo maleável por meio dos sentimentos de culpa. É importante que deixe esses mecanismos de projeção junto de sua irmã. Observe que papéis e que teatro ela representa nas diversas situações, mas não participe do jogo. Você faz aquilo que julga ser correto segundo a sua consciência, e isso também deve assumir.

Assuma aquilo que julga ser correto.

• • • • • • • • • • • • • • •

Prometi a minha mãe que eu mesmo cuidaria dela, não havendo necessidade de ela ir para um lar de idosos. Como, porém, adoeci, tive de – também por pressão do médico e de meus irmãos – encaminhá-la a um asilo. Eu a visito todos os dias, mas não consigo dormir à noite. Ouço constantemente dentro de mim essa condenação: "Você prometeu para ela e não cumpriu o prometido".

Como consigo encontrar de novo paz em mim?

Você tem um juiz implacável dentro de si. Ele o acusa constantemente de não ter cumprido sua promessa. Isso não é a voz de Deus, mas do superego. Quando essas palavras entoarem dentro de você, procure manter-se de pé em sua impotência e coloque sua mãe necessitada de cuidados na proteção da misericórdia de Deus. Confie que ela está em boas mãos e que a misericórdia de Deus é maior do que o juiz impiedoso dentro de você. A misericórdia de Deus, entretanto, também quer conduzir você para a humildade, fazendo-o reconhecer que não consegue realizar tudo o que quer e promete. Faça as pazes com os seus próprios limites e relacione-se de forma misericordiosa consigo mesmo. Então encontrará novamente a paz. E, caso esses pensamentos, mesmo assim, voltarem a aflorar, diga com Pedro, em toda a humildade: "Senhor, Tu sabes tudo. Tu também sabes que eu te amo" (Jo 21,17).

> Reconcilie-se com os seus próprios limites.

Minha filha rompeu todo contato comigo. Ela se nega a receber minhas cartas. Quando telefono, imediatamente desliga. Desconheço os motivos, embora gostasse muito de falar com ela sobre isso.

Como posso suscitar novamente uma relação sadia com minha filha?

O que você experimenta é dolorido. Em tais situações muitos pais são acossados por sentimentos de culpa: "O que fiz de errado?" "Eduquei mal meus filhos?" Faz pouco sentido, no entanto, dilacerar-se com esse tipo de sentimento. O primeiro passo consiste em lamentar que a situação seja assim como é. Ou seja: permitir a existência da dor pelo fato de a filha ter rompido a relação, conscientizar-se de que ela não quer falar com você, apesar de suas melhores intenções para com ela. E deveria permitir a existência da impotência que sente para, a partir de si, conseguir curar o relacionamento. Faz pouco sentido querer impor uma conversa. Mesmo aceitando que, neste momento, sua filha não quer isso, não desista da esperança de uma relação voltar a ser possível no futuro. Ore por sua filha, para que ela encontre paz interior. Na oração apresente a Deus também sua própria impotência e lhe peça para clarear aquilo que não está sendo possível compreender e que continua ofuscado nesse tempo de rompimento entre você e sua filha. A oração fortalecerá sua esperança de que o relacionamento será curado.

Não desista da esperança, mas também não force nada.

• • • • • • • • • • • • • • •

Noto que meus filhos precisam cada vez menos de mim. Eles se defendem contra minhas perguntas sobre como estão indo na escola. Noto que nem sempre estão indo bem. Mas eles não vêm até mim para serem ajudados. Quando insisto nas perguntas eles respondem que conseguem dar conta do recado por si próprios. Já nem sei mais como reagir.

O comportamento dos filhos me faz sofrer.

Não considere as reações como sendo pessoais. Trata-se aqui, antes, da insegurança dos filhos. Certamente não lhe é fácil ver que o filho ou a filha casualmente não estão bem, que eles são conduzidos de um lado para o outro sem que possa ajudá-los. Nesse caso, o que sobra muitas vezes é unicamente a oração pelos filhos e a sensibilidade de detectar quando convém deixá-los a sós e quando é oportuno lhes dirigir uma palavra. Eu iria respeitar quando eles por vezes não aceitam ajuda e iria aguardar até que viessem por si mesmos. Tome simples e carinhosamente consciência daquilo que se desenrola em seu interior. Ao mesmo tempo, no entanto, também é importante que faça algo para si mesma. Se ficar fixada exclusivamente neles, a rejeição se tornará muito mais dolorosa. Viva também para si mesma. Veja o que lhe faz bem. Quando os filhos a perceberem fazendo algo por si, tendo novos interesses, é possível que sejam restabelecidos novos pontos de contato. A puberdade dos seus filhos também é para você um desafio para repensar de forma nova a própria vida e de desenvolver o potencial que Deus colocou em sua alma.

> Importante é que também faça algo para si mesma.

Quando leio livros de caráter psicológico e reconheço quanto sofrimento psíquico é causado por educação incorreta, fico de consciência pesada. É que nessas ocasiões dou-me conta dos meus próprios erros. Na educação fiz muitas coisas de maneira bem-intencionada, mas errada.

Não creio que ainda seja possível corrigir antigos erros de educação.

Não se fixe nas perdas. Veja o que resultou dos seus filhos. Eles não a censuram. Eles sabem lidar bem com sua vida. E se tiver a impressão de que um filho ou uma filha não está conseguindo enfrentar a vida, não coloque toda a culpa em si mesma. Acusando-se, você se paralisa e não ajuda seus filhos. Ora, há filhos que não conseguem vencer na vida, mesmo tendo recebido boa educação. Você contribuiu com aquilo que pôde dar; talvez não tenha sido o suficiente para eles. Mas agora cabe ter a confiança de que seus próprios filhos assumirão a responsabilidade pela própria vida. Quando assumo a responsabilidade por mim, as perdas e os ferimentos da minha história de vida também recebem o seu valor. Eles me dão ânimo para me colocar a caminho, para não ficar simplesmente parado. Eles me tornam uma pessoa sensível, que não considera tudo natural, que também sabe compreender outras pessoas. Confie que seus filhos encontrarão seus caminhos, também por atalhos ou vias erradas.

Você contribuiu com aquilo que pôde dar.

• • • • • • • • • • • • • •

D ias atrás alguém que tem problemas com o meu
filho disse: "A maçã não cai longe da árvore".
Isso me magoou muito.

Tenho, por acaso, culpa de meu filho ser assim como é?

O provérbio relacionado que alguém relacionou a você é afrontoso. Representa uma acusação contra você pelo fato de ter educado o seu filho da maneira como o fez. Você deu ao seu filho o que pôde dar. Talvez não tenha sido o suficiente, mas compete a ele decidir o que fazer com isso. Naturalmente dói seu filho se desenvolver de maneira diferente daquela imaginada por você, mas isso não é culpa sua. Você, portanto, não deve se justificar nem se incriminar. Não existe educação perfeita. Nossa tarefa consiste em desenvolver nossa própria vida a partir daquilo que recebemos dos pais. Somos responsáveis por nós mesmos e não devemos atribuir a culpa aos pais. Coloque aquilo que você deu nas mãos de Deus, para que Ele o faça desabrochar em seu filho. Lembre-se de abençoar seu filho para que o bem que reside nele se desenvolva mais fortemente do que suas qualidades negativas. E mantenha a si e a seu filho na compaixão de Deus, sentindo-se carregada por sua misericórdia. Dessa forma alcançará paz interior e poderá desfazer-se daquele provérbio, em vez de se ferir com ele.

Não se inferiorize.

● ● ● ● ● ● ● ● ● ● ● ● ● ● ● ●

4 CRER, REZAR, DUVIDAR
Igreja como terra natal estranha
e prática espiritual

Muitas pessoas que se dirigem a mim com suas perguntas usufruíram de uma educação religiosa, mas não experimentam mais a Igreja como anteriormente. E elas são confrontadas a confessarem sua fé num mundo que questiona Igreja e religião. Elas refletem sobre como poderiam entender sua fé por si mesmas, mas existem as antiquíssimas questões a respeito do sofrimento, do mal e do Deus incompreensível. Cada pessoa é seu próprio teólogo e tem suas perguntas teológicas que em dado momento podem aflorar. Nesses casos deve-se procurar respostas que não satisfaçam só o seu entendimento, mas também o seu coração.

A fé hoje em dia não é mais natural. Muitos se encontram perturbados pelas próprias dúvidas; eles notam que se acomodaram em relação à fé. Agora pretendem justificá-la diante da própria razão. Noto em certas perguntas que muitos aparentemente não têm interlocutores apropriados com os quais possam dialogar de forma sensata sobre sua fé.

Hoje também não se procura dar continuidade a velhas tradições. Sendo assim, é importante, por exemplo, perguntar como se comemora o ano litúrgico, pessoalmente e na família. Velhos costumes necessitam ser reinterpretados para que adquiram importância para nós e consigam dar expressão adequada aos nossos anseios.

Minha filha tem três filhos pequenos, mas não permitiu que nenhum fosse batizado. Não entendo por quê. Eduquei minha filha como católica em razão de uma profunda convicção. Hoje ela rejeita isso de maneira tachativa, não querendo que eu fale sobre Deus com os seus filhos. Também quando almoçam comigo ela pede para não rezar à mesa.

Gostaria de poder oferecer valores cristãos para a caminhada dos meus netos.

É claro que é dolorido que sua filha não queira deixar batizar as crianças. Isso deve ser respeitado. Mas não há necessidade de se sentir sob as ordens dela. Se achar correto rezar à mesa, então também tem o direito de fazê-lo com os netos. Não há necessidade de permitir que sua filha a proíba de fazer isso. E também pode conversar com as crianças sobre Deus. Você compartilha com as crianças o que considera ser importante. Não ceda à pressão. A fé faz parte de sua pessoa, e você tem o direito de falar sobre ela a quem quiser. A outra pergunta é por que sua filha tem essa atitude. Eu tentaria procurar entender isso. Talvez se trate de uma mágoa ou uma decepção que ela experimentou na fé ou na Igreja. Talvez seja só a consciência pesada por ter se distanciado daquilo que na juventude lhe foi importante. Seria bom compreender sua filha, pois assim você também encontrará um bom caminho para lidar com a pergunta da fé. Mas sempre dê também atenção à própria dignidade.

> Dê sempre atenção à própria dignidade.

Rezo regularmente com meu neto. Há alguns dias ele me perguntou sobre a razão de fazermos o sinal da cruz no início e no final de uma oração. Tive dificuldades para responder.

Como posso explicar o sinal da cruz a uma criança?

O sinal da cruz é feito pelos cristãos desde o século I. Eles o faziam para expressar que eram totalmente amados. Na cruz – assim diz João – Jesus nos amou até a consumação. No sinal da cruz colocamos esse amor de Jesus na nossa testa, no nosso abdome, no ombro esquerdo e no ombro direito. Isso significa: deixamos o amor inundar nosso pensamento, a fim de que os pensamentos provenham do amor, e não do ódio e da rejeição. Deixamos o amor inundar nossa vitalidade e nossa sexualidade, para que sejam purificadas. Nós seguramos o amor em nosso ombro esquerdo, a fim de que também aquilo que é inconsciente em nós seja transpassado por ele; e o seguramos no ombro direito, para tornar amoroso aquilo que é consciente. À esquerda também se encontra o coração, e à direita a ação. Deixamos o amor inundar o coração e o nosso agir, a fim de que de nossas mãos saia algo que se reverta em bênção para as pessoas.

Deixamos o amor inundar o coração e o nosso agir, a fim de que de nossas mãos saia algo que se reverta em bênção para as pessoas.

A reação crítica da Igreja Católica diante do Prêmio Nobel de Medicina, o "pai dos bebês de proveta", atiçou minhas dúvidas em relação à instituição "Igreja". Também eu devo meus gêmeos à medicina. Eles constituem a maior felicidade para mim e, a bem da verdade, gostaria de colocá-los sob a proteção de Deus.

Devo deixar batizar meus filhos, apesar das minhas dúvidas?

É perfeitamente possível você ser contra opiniões emitidas pela instituição da Igreja e, não obstante, deixar batizar seus gêmeos. Pois no batismo não se trata de nós nos tornarmos cristãos que dizem sim e amém a tudo. No batismo é exposto, através dos maravilhosos ritos da Igreja, em que consiste o mistério da criança. No batismo a criança é aspergida com água. Interiormente ela nunca deve secar ou ficar exausta. Nela flui a inesgotável fonte do Espírito Santo. E a criança é ungida como rei e profeta. O batismo não faz só bem para seus filhos, mas também para você, pois acaba percebendo que seus filhos se encontram envoltos por uma proteção maior do que aquela que você lhes pode dar.

> No batismo é exposto, através dos maravilhosos ritos da Igreja, em que consiste o mistério da criança.

O corre-me que sempre na época da Quaresma, pessoas procuram vivenciar algo diferente. Renúncia e ascese são importantes para mim.

Incomodo-me quando alguém se vangloria por estar fazendo jejum.

Jesus diz que não devemos andar de cara triste para as pessoas não perceberem que jejuamos (Mt 6,16). Só Deus, que vê aquilo que está oculto, deve saber sobre o nosso jejum. Existe, portanto, o perigo de a gente se gabar do jejum. Por outro lado, não deixa de ser útil quando pessoas dão testemunho no tempo de Quaresma, quando utilizam essa época para, conscientemente, abdicar de algo. Isso só não pode virar ostentação. Mas como testemunho pode também contagiar outros. Nosso perigo hoje em dia está em que o tempo da Quaresma desapareça da consideração pública. Assim sendo, é perfeitamente proveitoso existirem pessoas que falam sobre como utilizam esse tempo. Isso torna claro que a época da Quaresma é publicamente destinada ao treinamento da liberdade interior. Achei muito simpático quando um jornalista de televisão anunciou publicamente em entrevista comigo sobre o jejum que, no tempo da Quaresma, pretendia renunciar a álcool e a doces. Isso representou um compromisso para ele. E também convidou as pessoas a levarem a sério o tempo da quaresma.

> Faz sentido jejuar conscientemente e falar sobre isso. Só não pode virar exibicionismo. Mas como testemunho pode acabar contagiando outras pessoas.

• • • • • • • • • • • • • • • •

Dou muita importância à união em família, e também à vida conjugal. Eu gostaria de cozinhar de forma mais simples e renunciar mais vezes à carne no tempo da Quaresma. Porém, meu esposo e meus filhos se rebelam. Eles afirmam que necessitam de uma boa refeição para se sentirem bem e estarem em boa forma para o trabalho. Devo desistir simplesmente e atender aos seus desejos?

Quando sempre faço concessões também não me sinto bem.

Reflita em conjunto com sua família o que pretendem fazer na época da Quaresma ou como pretendem planejar passar especialmente a última semana antes da Páscoa, a Semana Santa. Externe os seus desejos e o porquê deles, dando sugestões. Depois pergunte ao esposo e aos filhos como eles imaginam o tempo de jejum e a Semana Santa. Se eles rejeitarem tudo, eu lhes perguntaria se esse tempo para eles é como qualquer outro. É da natureza das pessoas darem-se o direito a períodos de treinamento da liberdade interior. Será que todos realmente se sentem livres? Ou em que os filhos e o esposo têm sugestões para exercitar-se na liberdade? Talvez a conversa se torne criativa. De forma alguma você deveria moralizar: Isso pertence a um cristão! Com tais observações você só despertaria resistência. Se não conseguirem concordar em relação a um caminho comum, então diga o que você gostaria de fazer para si. Assim, o esposo e os filhos estarão informados e também saberão respeitar. Talvez eles até acabem sendo de alguma forma influenciados por seu

> É da natureza das pessoas darem-se o direito a períodos de treinamento na liberdade interior. Isso pode ser cativante.

caminho consequente de vivenciar de maneira mais consciente o tempo da Quaresma ou a Semana Santa, em vez de deixar passá-los em branco.

No último ano, ao longo da época da Páscoa, a senhora responsável pela ornamentação da nossa igreja não colocou só flores no altar, mas também ramos com coelhos, ovos de Páscoa e pintinhos. E também meus netos falam constantemente do coelho da Páscoa.

Coelhos e ovos de Páscoa não são símbolos pagãos?

Os símbolos do coelho, do ovo e dos pintinhos não são tipicamente pagãos. Eles constituem antigos símbolos de fertilidade e de nova vida e eram usados também para a renovação constante da vida. A Igreja primitiva não os aboliu, mas os acolheu e interpretou de forma cristã, tanto esses símbolos, quanto também as aspirações que antigas culturas e religiões associavam a eles. O ovo sempre foi visto como símbolo da ressurreição no cristianismo, porque Cristo saiu da sepultura como o pintinho formado sai do ovo. O pintinho, portanto, está relacionado ao ovo. Sem dúvida o ovo também desempenhou um papel como símbolo de fertilidade em festas primaveris pagãs. Os cristãos, porém, interpretaram a aspiração relacionada a esse símbolo com a pessoa de Jesus Cristo.

As pessoas sempre procuraram por imagens como forma de traduzir concretamente o mistério da Páscoa, da ressurreição de Cristo.

E se o seu neto quiser conversar com você sobre o coelho da Páscoa, não deixa de ser bom se já tiver repassado para os seus filhos o sentido cristão das festas. Agora, contudo, parece que os filhos não se orientam mais nesse sentido, mas empregam os símbolos usuais como imagens para o que aconteceu na Páscoa. Você poderá explicar ao pequenino que o coelho da Páscoa é símbolo para a constante renovação da vida. Não faz sentido proibir o símbolo. Mas seria interessante aprofundá-lo com os netos e dizer que a ressurreição renova nossa vida, sujeita à morte. De forma alguma você deveria contar adiante quaisquer lendas de que na Páscoa vem o coelho. Na Páscoa não vem coelho algum. As pessoas só procuraram por imagens como forma de traduzir concretamente o mistério da Páscoa, da ressurreição de Cristo.

Em Pentecostes fiquei chateado com a prédica no culto divino. Ela foi muito pessimista. O pregador não fazia outra coisa senão xingar o mundo mau. Ele conseguiu estragar todo o culto e, além disso, também ainda a Festa de Pentecostes, da qual costumo gostar bastante.

O que fazer quando uma prédica não inspirada só me irrita?

Sua irritação tem fundamento. Se o pregador não tiver outra coisa para dizer senão xingar o mundo mau, ele não entendeu nada sobre o mistério de Pentecostes. Mas a pergunta é como você lida com essa irritação. Você deu poder em demasia ao pregador. Deixou que ele lhe estragasse a festa. Em seu lugar eu utilizaria a irritação durante a prédica para não dar ouvidos àquilo que ele disse. Eu passaria então a fazer minha própria prédica. O que significa Pentecostes para mim? Ou, caso você dê ouvidos a ele, pergunte-se: "O que responderia Jesus a essas palavras do pregador? E como posso dar uma resposta que me satisfaça a partir da fé?" Nesse caso você estará participando ativamente do processo. E não dá poder ao pregador. E depois do culto divino não deixe espaço para a prédica ruim em seu coração. Jogue para fora de si o pregador e sua prédica com sua irritação, e passe a dar atenção para a importância de Pentecostes para sua pessoa. Talvez você mesmo leia em algum livro sobre Pentecostes. Ou também poderia ler novamente os textos e meditar sobre o seu conteúdo. Ou então poderia realizar um exercício que corresponde a Pentecostes: coloque-se ao vento e se deixe "transpassar" por ele. Deixe que toda

> Pergunte a si mesmo: "O que Jesus responderia a essa prédica?"

a irritação seja soprada para fora de si. Aí você experimentará o que significa o Espírito Santo. Aí experimentará Pentecostes de uma maneira pessoal. E terá conseguido se libertar do poder da má prédica, além de tê-la revertido em uma experiência própria de Pentecostes.

•••••••••••••••••

Experimento constantemente que o tempo do Advento passa rápido demais por mim. Antigamente, em nossa família, cantávamos hinos de Advento ao redor da coroa de Advento. Agora não encontramos mais tempo para isso. Cada um segue seu caminho.

Como posso transformar o período do Advento novamente em um tempo espiritual?

As circunstâncias exteriores de hoje não fomentam vivenciarmos o tempo de Advento como tempo silencioso de espera. Mesmo que tenhamos de aceitar esse fato existem caminhos que auxiliam a fazer desse tempo algo pleno de sentido. Nessas quatro semanas proponha-se, por exemplo, a começar as manhãs com um tempo silencioso. Você pode tomar cinco minutos para colocar-se diante de uma vela acesa, lendo e meditando sobre os textos da liturgia. Ou permaneça simplesmente sentado em silêncio diante da vela acesa e ouça o anelo que se deflagra dentro de você. Uma outra possibilidade: no tempo de Advento selecione celebrações ou concertos de Advento que o conduzam ao silêncio e à abertura do seu coração para Deus. Faça para si um calendário de Advento com as datas que pretende participar. Mas é possível buscar rituais também na família. Talvez seja possível ao menos a cada domingo de Advento sentar-se em torno da coroa de Advento, acender as velas, cantar hinos ou realizar a leitura de um texto. Também é possível estruturar o café da manhã de domingo de forma meditativa, ficando em

Organize seu tempo de Advento. Dessa forma ele se tornará um tempo abençoado para você.

silêncio e ouvindo música de Advento. Se procurar encontrar tais rituais familiares, com certeza descobrirá algo que lhe fará bem. Não se sinta apenas como vítima de circunstâncias temporais agitadas. Organize seu tempo de Advento. Dessa forma ele se tornará um tempo abençoado para você.

A cada ano sempre espero pelo mundo ideal, como o experimentei nos natais da minha infância. Mas sempre fico decepcionado. Temo que também neste Natal voltemos a nos desentender, porque cada um sente o vazio. Como devo proceder com isso?

Nós comemoramos o Natal, mas perdemos o mistério da data.

Você menciona a razão exata do seu medo: o vazio. Aquilo que representa a essência da festa acabou por se perder em você. Esse vazio suscita agressões. Descarregamos então nossa insatisfação interior sobre outros. Nesse caso você os culpabiliza pelo fato de nenhum espírito de Natal vir à tona. Mas não é decisivo que volte a sentir as mesmas emoções que tinha quando criança no Natal. Pergunte-se: "O que, afinal, significa Natal para mim hoje?" "Em que ainda creio?" "O mistério da encarnação de Deus ainda me diz algo?" Se tiver dificuldade com as afirmações teológicas de que Deus se tornou ser humano em Jesus Cristo para nós, a fim de preencher nossa humanidade com sua vida divina e com seu amor, procure ouvir o interior do seu coração: "Que anseios você tem?" "Que anelos a festa natalina desperta em você?" "Trata-se da aspiração por amor, paz, luz, terra natal, proteção?" Nesse caso, procure unir essa aspiração com a mensagem de Natal. Quando você ouve a história de Natal com ouvidos abertos, quando canta os hinos de Natal ou mesmo só os escuta, que saudade eles evocam em sua pessoa? Você consegue imaginar que essas palavras e esses hinos não constituem promessas vazias, mas conseguem atingir e realizar suas mais profundas

> Quando canta os hinos de Natal ou mesmo só os escuta, que saudade eles evocam em você?

aspirações? Preocupe-se primeiramente consigo mesmo, de modo a conseguir comemorar bem o Natal. Depois disso pode também confiar que acabará irradiando positivamente seu estado de espírito à sua família. E talvez consiga comunicar algo daquilo que considera ser importante nessa festa.

Mais recentemente os noticiários estavam repletos de um terremoto no Irã, e ainda me recordo da catástrofe que representou o terremoto no Haiti, que atingiu os mais pobres entre os pobres, pessoas que por si só já são diariamente castigadas pela miséria, doenças e muitas outras necessidades. Para mim esses acontecimentos provocam dúvidas quanto à onipotência de Deus ou dúvidas quanto ao seu amor por nós, seres humanos.

Por que Deus castiga as pessoas que Ele ama com catástrofes da natureza?

Não podemos responder à pergunta pelos motivos que levam Deus a permitir catástrofes como terremotos, a exemplo dos acontecidos no Irã e no Haiti. Não podemos identificar as cartas com as quais Deus joga. Não sabemos o que Ele pensa. Devido a tais sofrimentos, desintegra-se nossa concepção usual de Deus; por exemplo, a ideia que temos do Deus todo-poderoso e amoroso. Se Deus é todo-poderoso, pode evitar o sofrimento. Se Ele é amoroso, deveria nos poupar disso. O sofrimento rompe nossas concepções de Deus para que creiamos no Deus incompreensível, que, apesar de sua incompreensibilidade, é amor – só que um amor diferente daquele que imaginamos. Mas uma coisa podemos dizer com certeza: "Deus não castiga".

Quando pessoas entendem o sofrimento como castigo de Deus, trata-se de sua própria interpretação. E muitas vezes essa interpretação corresponde a tendências autopunitivas

> Deus é amor, apesar de sua incompreensibilidade – só que um amor diferente daquele que imaginamos. Mas uma coisa podemos dizer com certeza: "Deus não castiga".

dentro da própria alma. Não podemos conhecer os pensamentos de Deus. Por essa razão não conseguimos responder à pergunta pelo porquê; só podemos refletir como lidar com o sofrimento. E sobre isso Jesus nos apresentou caminhos. Por um lado, Ele próprio trilhou o caminho do sofrimento e deu, assim, um sentido ao nosso sofrimento; nas situações de sofrimento experimentamos a comunhão com Jesus. Por outro lado, nos deu uma chave de como entender o sofrimento: Ele rompe com nossas concepções de Deus, de nós mesmos e da nossa vida, a fim de que nos tornemos sempre mais receptivos para o mistério de Deus, para o mistério da nossa vida e para a imagem original de Deus em nós, para o nosso verdadeiro ser.

L i muitos livros sobre ciências naturais, em especial sobre a evolução e o desenvolvimento do ser humano, em minha procura pelo sentido da nossa vida.

Os ateus não possuem os melhores argumentos?

Como crentes também devemos nos expor às perguntas dos ateus. Muitos são ateus porque não sabem mais o que fazer com a imagem de Deus assumida em sua infância. Suas perguntas nos levam a crer em Deus de forma adulta. Deus, em verdade, é sempre bastante diferente de como o imaginamos. Quanto a sua pergunta concreta: "O fato de cada pessoa ser uma imagem única e singular de Deus não contraria o ponto de vista da evolução, segundo o qual o ser humano deriva, a partir de sua estrutura, dos primatas?" O ponto de vista da fé não contraria o ponto de vista das ciências naturais. Ambas as visões veem coisas diferentes no ser humano. Mas as duas são verdadeiras. A despeito de toda a evolução, cada ser humano não é só produto de seus pais, da evolução, mas constitui, simultaneamente, uma imagem singular de Deus. Não é mais possível descrevermos essa imagem de Deus que Ele fez para si de cada um de nós. O que sentimos é só que cada um de nós é uma pessoa singular. Assim como sentimos e pensamos, percebemos apenas nós. E cada um de nós imprime neste mundo sua marca própria, inconfundível. Nossa tarefa consiste em imprimir a marca que corresponde ao nosso ser, à imagem singular de Deus em nós.

Sou homossexual. Tenho ainda em mim a afirmação de que a homossexualidade é pecado. Ela provém da minha rigorosa educação eclesiástica. Como posso me libertar dessa sombra?

Como posso ser homossexual e cristão?

Homossexualidade como predisposição não é pecado. Não deve ser encarada como juízo de valor. Sendo assim, faça inicialmente as pazes com sua homossexualidade e descubra também quais as propensões positivas que você possui. Pessoas homossexuais muitas vezes têm uma sensibilidade especial para a espiritualidade e a estética. A outra pergunta é como você lida com a homossexualidade e como pode viver a sexualidade. Quanto a isso existem duas possibilidades. A primeira é que você aceite sua homossexualidade, mas que não a viva sexualmente, sendo unicamente expressa em amizades. A segunda possibilidade é que se viva também sexualmente sua homossexualidade. Para esse caso vale, contudo, o princípio de que ela seja vivida de forma respeitosa. De forma respeitosa significa: dentro de uma clara relação de compromisso. Sexualidade reclama, segundo sua natureza, por vínculo e confiabilidade. Caso contrário, ela se torna autônoma. Nesses casos somos vividos por ela, em vez de vivermos com ela. A você cabe uma decisão, perante sua consciência, quanto a qual das duas possibilidades combina melhor com sua pessoa. Se você conseguir harmonizar a vivência da sexualidade em uma relação de compromisso com sua consciência, não há por que sentir-se culpado perante Deus. Pois nesse caso você transforma sua sexualidade em amor.

S empre de novo acontecem crimes horríveis. Por que, afinal, Deus permite que pessoas causem sofrimentos a outras, por que Ele não as conduz ao caminho adequado?

Por que Deus não impede o mal?

O Espírito de Deus está em cada pessoa. Entretanto, se nos fecharmos diante desse Espírito de Deus Ele não poderá agir em nós. Deus respeita nossa liberdade, e se em liberdade nos decidimos contra seu Espírito e seus mandamentos, podem ocorrer coisas tão horríveis como o incesto ou a fúria assassina. É claro que as pessoas praticantes desses delitos muitas vezes tiveram uma infância horrível. Por terem experimentado maldade, repassam maldade. Elas exteriorizam seus sentimentos de vingança, oriundos dos ferimentos a elas infligidos, contra outras pessoas inocentes. Assim se origina um círculo vicioso do mal. Às vezes desejamos que Deus coloque um fim na maldade. Só que Ele deixa a nosso critério reagir contra o mal, não com violência – já que ela volta a gerar maldade –, mas com amor. Se orarmos também por tais pessoas que se encontram dilaceradas, podemos confiar que se realizará uma transformação no fundo de seu coração obstinado. Não somos impotentes perante o mal. Mas, ao mesmo tempo, precisamos reconhecer o seu poder. Quando por várias gerações se formaram estruturas nocivas, estas não se deixam remover pelo apelo à boa vontade. É preciso amor e oração para que o poder do mal seja destruído.

É preciso amor e oração para que o poder do mal seja destruído.

R ecentemente o meu pai faleceu. Ele havia abandonado a Igreja, sendo que minha mãe é católica. Ambos sempre respeitaram a posição um do outro, e, apesar dessa diferença, viveram um casamento bastante harmônico. Agora minha mãe gostaria que se rezassem missas para ele. Para ela isso seria um grande consolo em seu luto, mas não tenho certeza de que ele teria gostado disso, e, além do mais:

É possível rezar missa para alguém que saiu da Igreja?

Foi muito bom seus pais viverem um casamento harmônico, apesar de terem tido posições diferentes. A saída da Igreja muitas vezes tem a ver com decepções e conflitos. Sua mãe tem a necessidade de experimentar comunhão com seu marido na santa missa, e essa necessidade é boa. Ela não precisa se perguntar o que seu esposo quis antes de sua morte. Seu pai agora está com Deus, e junto de Deus ele não está mais marcado por preconceitos. Ele entende, e em Deus ele certamente também

> Quando alguém morre para dentro de Deus, não é mais tão decisivo se ele frequentava ou não a Igreja.

quererá experimentar comunhão com sua esposa, mesmo na forma que talvez rejeitou durante sua vida. Quando alguém morre para dentro de Deus, não é mais tão decisivo se ele frequentava ou não a Igreja.

• • • • • • • • • • • • • • •

R ecentemente meu filho ficou noivo, e agora ele e sua noiva planejam o casamento. Ela faz questão de que a cerimônia de casamento seja evangélica. Meu filho, contudo, gostaria de se casar na Igreja Católica. Entrementes, minha provável futura nora entrou com uma ideia que nos deixa contrariados:

"Ou um casamento evangélico ou só casamento civil".

Afirmações absolutas são sempre difíceis. Inicialmente o problema é, naturalmente, entre o seu filho e sua futura esposa. Se ele quiser se casar na Igreja Católica, uma afirmação categórica de sua futura esposa como "ou um casamento evangélico ou só casamento civil" não contribui para a superação do problema. Caso os dois não consigam chegar a um acordo quanto a uma cerimônia evangélica ou católica, existe como alternativa também o casamento ecumênico, no qual a cerimônia é realizada conjuntamente, por um pastor evangélico e um padre. Nesse casso ninguém precisaria sair perdendo. Entretanto, quando a cerimônia nupcial se transforma efetivamente numa pergunta pelo poder dentro da família, isso não configura um bom começo para o casamento. Bom seria se os dois conseguissem sair dessa situação de alternativas excludentes e pudessem conversar sensatamente entre si sobre o que poderia constituir um caminho viável para ambos. Talvez você consiga encorajá-los nesse sentido, resguardada toda a discrição possível.

> Quando a cerimônia nupcial se transforma efetivamente numa pergunta pelo poder dentro da família, isso não configura um bom começo para o casamento.

● ● ● ● ● ● ● ● ● ● ● ● ● ● ● ●

Meu marido é evangélico, eu sou católica. Como sou muito ativa na Igreja, ele participa da missa comigo, quase todos os domingos, e também recebe a Eucaristia. Recentemente meu vizinho de banco me interpelou a esse respeito. Em sua opinião, é irresponsável de minha parte permitir que meu marido receba a Eucaristia. Eu fiquei perplexa! O que poderia ter respondido?

Devo proibir meu esposo de participar da comunhão eucarística?

Se o seu esposo crer que na comunhão eucarística ele se encontra com o próprio Cristo, que se torna um com Cristo, ele deve e pode recebê-la. De forma alguma você deveria impedi-lo dessa participação. Ao seu vizinho de banco pode dizer o seguinte: "O senhor sabe o que seu vizinho católico de banco realmente crê quando vai para a comunhão? Do meu esposo sei que ele crê na presença real de Cristo. Por isso me alegro que ele receba a Eucaristia de maneira digna. Não pretendo perguntar a todos os que vêm à igreja sobre sua fé. Confio em que eles sigam sua consciência, assim como também meu esposo a segue. E para a teologia católica a norma mais importante é representada pela consciência, e não pelas leis eclesiásticas".

> Para a teologia católica a norma mais importante é representada pela consciência, e não pelas leis eclesiásticas.

No seio da minha família atualmente existem muitos problemas. Sigo o lema "Lança teus problemas ao Senhor" e ajudo a mim e a outros com orações. Quando procedo dessa maneira noto que a situação fica claramente mais relaxada e consigo visualizar sinais de esperança no horizonte. A que se deve isso?

Até que ponto orações podem fazer efeito?

Há muitas tentativas de explicar por que orações ajudam. A primeira explicação: a oração me transforma. Na oração eu crio nova esperança para a situação. Assim, consigo entrar mais relaxado na situação, e isso também transforma as demais pessoas. Esta é uma explicação psicológica. Existe uma segunda explicação, que também se encontra no nível psicológico: a oração produz uma vibração. Os pensamentos que tenho na oração interagem com a atmosfera, atingindo, assim, também as outras pessoas. A terceira explicação: confio em que Deus ouvirá minha prece e que, por seu Espírito, aja em mim e nas pessoas pelas quais oro. Não conseguimos explicar essa ação de forma mais detalhada. Em todos os tempos, porém, pessoas tiveram esta fé de que nossas orações não ficam sem efeito, mas que Deus as ouve e atende. Deixamos sempre a cargo de Deus, contudo, como Ele atua e age diante de nossas orações. Sendo assim, toda oração, em última análise, desemboca nestas palavras: "Seja feita a vossa vontade!"

> Há muitas explicações por que as orações ajudam. Toda oração, porém, em última análise, desemboca nestas palavras: "Seja feita a vossa vontade!"

Toda vez que rezo o Pai-nosso tenho dificuldade de pronunciar a frase "E não nos deixeis cair em tentação". Pergunto-me, então, se é possível Deus me conduzir em tentação. Ora, isso não é mais coisa do diabo?

Não deveria constar antes: "E não deixeis de nos conduzir na tentação"?

Os exegetas sempre discutiram essa sua dúvida. Na Carta de Tiago consta muito claramente que Deus não nos conduz em tentação. Antes, é a própria ambição desmedida que nos faz cair em tentação. Há muitas tentativas para traduzir diferentemente essas palavras: "Não nos deixeis entrar em tentação". O texto grego, contudo, reza: "Não nos conduzas em tentação". No pedido que Deus não nos conduza em tentação não se subentende que, em outros momentos, Ele o faça. Trata-se simplesmente do pedido para que Ele nos preserve de entrarmos em tentação e de cairmos nela.

Também a palavra "tentação" é interpretada de diversas maneiras na tradição espiritual. Os monges antigos eram da opinião de que a tentação fazia parte do ser humano. Ela o tornava experimentado, ao mesmo tempo em que fortalecia a raiz de sua árvore da vida, a fim de que pudesse se tornar mais forte e firme. Nesses casos também se poderia traduzir tentação por provação. A tentação da qual fala o Pai-nosso, porém, é a confusão interior, a confusão em nossos corações. Deus queira nos

Quem nos conduz à tentação é a própria ambição desmedida.

preservar de ficarmos confusos na busca por Ele, e, assim, "passarmos de largo" por Ele e por nós mesmos em vida.

Meu colega de trabalho, com o qual muitas vezes tenho atividades, é um típico trabalhador compulsivo. Ele trabalha durante todo o dia, sua esposa raramente o vê, e não tem filhos. Quando estamos juntos em viagem de negócios e à noite fazemos um passeio pela cidade, seguidamente ele me pergunta sobre como consigo manter o equilíbrio com a profissão. Na verdade, sempre encontro meu equilíbrio em minha família e em minha fé. Sei, no entanto, que meu colega de trabalho é ateu convicto, e nunca estou certo de como devo responder à pergunta, para que ele não me critique.

Devo confessar a minha fé para uma pessoa que a renega?

Eu iria responder de forma sincera à pergunta do seu colega sobre como consegue manter o equilíbrio com sua profissão. Pois a pergunta mostra que ele não está inteiramente satisfeito consigo e com sua vida. Não cabe fazer missão com ele. Mas você deveria, sim, dar testemunho daquilo que o sustenta. E aí existe, por um lado, a família. Isso ele compreenderá com certeza, embora tudo dependa de como você falará acerca da família.

Além disso, você poderá tentar falar sobre sua fé, que se sente amparado por Deus, que não precisa constantemente estar refletindo sobre tudo, uma vez que coloca as preocupações e os problemas do negócio nas mãos de Deus, confiando em que Ele abençoa aquilo que faz. Também pode lhe falar que a oração ou a meditação lhe proporcionam tranquilidade e que, nesse caso, o trabalho não desempenha nenhum papel, já

> O ateísmo de outra pessoa pode representar um desafio para que eu reflita sobre o que, em verdade, minha fé me oferece e como ela me sustém.

que você mergulha em outro mundo. Mesmo que ele seja ateu, provavelmente ouvirá com interesse. Talvez ele fará perguntas. Você perceberá sua reação. Se ele procurar tornar sua fé ridícula, eu pararia a conversa. Mas justamente o seu ateísmo é também um desafio para você refletir sobre o que sua fé em verdade lhe oferece e como ela o sustém. Você igualmente pode ponderar como aquilo que a fé representa para você pode ser dito em palavras que outra pessoa – não crente – possa entender.

● ● ● ● ● ● ● ● ● ● ● ● ● ● ● ● ● ●

No meu entorno sempre encontro mais pessoas que reagem de forma agressiva à pergunta sobre Deus. Elas se reportam aos livros de Dawkins, que rejeita religião por ser a causa de todas as guerras e conflitos humanos. Muitas vezes me sinto desamparado na discussão com essas pessoas, apesar de que, via de regra, consigo me relacionar bem com elas.

Por que muitas pessoas reagem de forma tão agressiva justamente diante de perguntas religiosas?

Quando alguém reage de forma tão agressiva mostra que Deus ainda significa algo para ele. Sua agressão eventualmente é um sinal de que ele está irado com Deus por sua vida não ser como esperava. Ele coloca em Deus a culpa por sua vida não estar dando certo. Nesse caso a agressão a Deus é, em verdade, uma agressão a si mesmo. Sendo assim, eu não falaria logo com ele sobre Deus, mas perguntaria o que ele tinha esperado da vida e quem realmente é o culpado por ela não ter transcorrido da forma imaginada. E lhe perguntaria o que ele próprio estaria em condições de mudar. Talvez ele também esteja irado por ter sido magoado em sua infância com imagens de um Deus punitivo que tudo observa e controla. Nesse caso lhe sugeriria desprender-se das imagens de Deus dos seus pais e da sua infância. Ele deveria se perguntar: "Em que creio, afinal?" "Em que coloco minha esperança?" "O que me proporciona estabilidade?" "A que aspiro?" Se ele, de nenhuma forma, não apresentar abertura, você deveria proteger a si mesmo. Pois, nesse caso, ele só procuraria

> Não haveria ateus se não existisse Deus. Então também ninguém precisaria negá-lo.

sempre novos argumentos contra Deus, intentando magoar você, que crê. Magoá-lo equivaleria então a uma vingança contra Deus, que não lhe deu aquilo que ele esperava. De resto, também é possível reagir com humor: Ora, não haveria ateus se não existisse Deus. Então também ninguém precisaria negá-lo.

• • • • • • • • • • • • • • • • • • •

Eu me engajo em nossa paróquia. O padre, entretanto, quer decidir tudo sozinho. Estou impotente, frustrado e decepcionado. E aos domingos é cada vez menor o número daqueles que participam da missa. Os leigos não são valorizados.

Justamente os engajados são repelidos da Igreja.

É doloroso perceber que seu pároco não valoriza o trabalho dos voluntários. Mas você não deveria deixar que sua paróquia fosse arruinada por ele. Também aqui vale o lema: O outro só tem sobre mim o poder que lhe concedo. Seguramente é penoso notar que as palavras não combinam com as ações na liturgia. Então passe a ouvir somente aquilo que o seu interior tem a lhe dizer. Se a homilia o irrita, use o tempo dela para fazer uma homilia a si mesmo. Reflita sobre como iria interpretar o evangelho e qual seria a mensagem dessas palavras de Jesus ou de sua ação para você. E caso não possa colaborar na organização da liturgia, forme você mesmo círculos familiares ou um círculo de pessoas que compartilhem opiniões semelhantes. Encontrem-se para trocar ideias em conjunto sobre passagens bíblicas. Nesse contexto trata-se, sobretudo, do diálogo entre o texto e a vida dos participantes. Você perceberá que sua vida interpreta o texto e que o texto lhe permitirá ver sua vida sob uma nova luz. Se você sempre tomar o evangelho de cada domingo para trocar ideias com outras pessoas, não será uma má homilia que haverá de aborrecê-lo nesse dia de descanso.

Ouço e leio recorrentemente sobre experiências de iluminação. Mas quando olho para dentro de mim, sinto, antes, escuridão. Estou fascinado por esse tema.

Como posso chegar a ter pessoalmente experiências de iluminação?

Não é possível "fazer" iluminação. Por isso, não posso me sentar, meditar e esperar por iluminação. Mas talvez você conheça momentos em que tudo lhe estava claro. Você não teve visão alguma, mas conseguiu entender as coisas, conseguiu vê-las pela raiz. Os místicos denominaram tais experiências de iluminação. O que podemos fazer é unicamente criar condições para esse tipo de experiência. Uma condição fazer uma pausa, uma escuta interior. Se você tem o anseio por iluminação, então se perceba dentro dele, pois no próprio anseio já está contido um vestígio de iluminação. Talvez dentro de você isso passe a ficar mais claro. Outro caminho: deixe entrar em si a luz de uma vela e imagine que essa luz transpasse e ilumine todos os espaços escuros de sua alma. Imagine também que abaixo da escuridão já exista uma luz que brilha no fundo de sua alma. Se essa imagem for incorporada por você, então pressentirá algo daquilo que os místicos denominam iluminação. E, quem sabe, por um breve momento, seja-lhe permitido contemplar a luz dentro de si.

> Não é possível "fazer" iluminação. Sendo assim, não posso me sentar, meditar e esperar por iluminação.

Minha esposa disse que, com a fala constante sobre pecado e culpa, a Igreja não fez outra coisa a não ser vacinar com uma consciência pesada. Outras religiões seriam muito mais livres e humanas. Ela quer livrar-se das consequências.

Minha esposa agora é adepta do budismo.

Caracteriza um ato de libertação quando não mais permito que outros constantemente me deixam de consciência pesada com seus discursos, mas passo a confiar em meus próprios sentimentos. Quando você chegar a falar com sua esposa sobre o que realmente da mensagem cristã a tem ferido, preste bem atenção se essa lesão penetrou em uma alma que anteriormente já havia sido lesionada pela educação dos pais. Talvez a educação deles estivesse cunhada pela noção pessimista de que os seres humanos são maus. Então seria importante falar sobre a relação entre a educação e a índole religiosa, sem jogar a criança fora com a água do banho. E, não por último, você poderia falar com sua esposa sobre o que *para ela* caracteriza a mensagem mais importante do cristianismo.

O caminho diferente trilhado por sua esposa constitui, aliás, um desafio para você mesmo, que consiste em entender de forma nova e mais profunda a essência do cristianismo. É justamente em tal debate que, para mim mesmo, pode ficar mais claro o que me fascina na mensagem de Jesus e o que é *peculiar* no cristianismo.

> O caminho do outro pode transformar-se em um bom desafio para você. Justamente no debate pode clarear-se o que é peculiar em determinado assunto.

Muitas vezes preciso trabalhar aos domingos como cuidador de idosos. Em outros finais de semana prefiro desfrutar do tempo com minha família ou, por vezes, simplesmente só recuperar o sono. Devido à consciência pesada às vezes também vou à Igreja, apesar de não ter vontade. Lá me encontro apenas sentado, tendo a sensação de ter cumprido o meu dever de domingo, embora esteja ausente do encontro em pensamentos.

Sou um mau cristão se aos domingos estou ausente da Igreja?

Sem dúvida faz sentido participar da missa aos domingos e tirar um tempo para Deus e para si mesmo. E, acima de tudo, sou presenteado com isso: aceito Cristo em mim e, assim, experimento uma nova força no meu dia a dia. É claro que faz pouco sentido ir à igreja só por desencargo de consciência e não fazer outra coisa do que sentar-se em seus bancos. Também não é preciso participar todos os domingos da Eucaristia se o trabalho não o permite. Entretanto, você não deveria se limitar simplesmente a ir, mas faria bem avaliar em algum momento com toda a atenção seu trabalho e sua vida familiar. O que a celebração da Eucaristia poderia me dar de presente? Em que momento ela representaria uma oportunidade para juntar a família? Uma missa ao final da tarde faria mais sentido? Você deveria reexaminar sua vida. Do contrário, será sempre mais vivido, em vez de viver por si próprio.

O que a celebração da Eucaristia poderia me dar de presente? Em que momento ela representaria uma oportunidade para juntar a família?

Meus filhos, que eduquei de forma religiosa, comportam-se agora como "esclarecidos". Segundo eles, no cérebro simplesmente se desencadeiam processos que nos dão a impressão da existência de Deus. Na verdade, Ele não passa de um produto do cérebro humano. Muitas vezes me sinto desamparada na discussão com eles.

Meus filhos se denominam ateus.

A pesquisa do cérebro não pode fundamentar nem desmascarar a fé como fantasia. O cérebro é só o instrumento. Quando examino o piano não encontro nele nenhuma sinfonia de Mozart. Assim como a música não pode ser apalpada no piano, tampouco Deus pode ser encontrado no cérebro. A partir da razão não podemos provar nem rejeitar Deus. C.G. Jung disse certa vez que para ele a existência de Deus não seria uma pergunta de fé, já que ele simplesmente sabia disso, pois a sabedoria da alma tem conhecimento de Deus. Posso tirar o poder da sabedoria da alma com meus argumentos racionais. Se, no entanto, eu viver contra a sabedoria da alma, ficarei, em última análise, invariavelmente doente. É benéfico confiar nessa sabedoria.

Outro acesso representa a conversa sobre aquilo que sensibiliza o nosso coração. Será, porventura, a natureza? Ora, o que percebo quando olho para uma bonita flor? Só química ou também a beleza em si? Na beleza da flor descubro a beleza da existência. E essa é, em última análise, é a beleza de Deus. Ou será, porventura, a música? Ouço somen-

> Você não pode provar Deus a seus filhos. Mas pode lhes abrir o coração para a pergunta pela sua existência.

te tons, ou não sou introduzido pelos tons no som eterno, que ressoa desde tempos imemoriais na criação? Não ouço junto também o inaudível? Você não pode provar Deus a seus filhos. Mas deveria fazer-lhes perguntas que conservassem seus corações abertos à pergunta pela sua realidade.

Eu me mudei, chegando, assim, a uma nova paróquia. Mas nela não consigo me sentir em casa; a comunidade é fechada em si; ninguém se importa com as pessoas novas que chegam; ninguém me cumprimentou. Tenho a impressão de ser um corpo estranho. E eu, que tinha a esperança de encontrar guarida justamente ali, a fim de poder conformar-me mais facilmente com a mudança! Devo simplesmente manter-me afastado?

O que posso fazer para me sentir em casa na comunidade?

Lamentavelmente existem comunidades cristãs fechadas em si. Nelas não há chance para pessoas estranhas que ali se queiram enturmar ou se engajar. O interesse está unicamente concentrado naqueles que já fazem parte do grupo. Isso contraria totalmente o Espírito de Jesus Cristo. Mas, lamentavelmente, é assim. A pergunta é por aquilo que você pode fazer. Inicialmente deve lamentar que a comunidade seja assim. Mas deve ir também com toda a fidelidade às celebrações dominicais. Das leituras à homilia, leve para casa tudo aquilo que lhe fizer bem. Dessa forma receberá pelo menos alimento para sua alma. Também procure estar consigo mesmo em casa. Pense que se trata da mesma liturgia que você participava em sua comunidade de origem; trata-se do mesmo Jesus Cristo que ali encontrava e que recebe na Comunhão. Mesmo que a celebração exterior seja diferente e gere outra atmosfera, Cristo não deixa de querer esta-

O importante é obter alimento para a alma. Ali onde Cristo mora em sua pessoa, ali você poderá sentir-se em casa.

belecer contato entre você e seu espaço interno de silêncio. Ali onde Cristo mora em sua pessoa, ali poderá sentir-se em casa. Passe a confiar que, em algum momento, as pessoas dessa nova paróquia passem a se interessar por você e o acolham.

●●●●●●●●●●●●●●●●●●

Dias atrás ouvi numa palestra que a fé num Deus pessoal estaria superada. Ela não passaria de projeção de nossos desejos infantis por um Deus que substitui o pai ou a mãe. Quem trilha um caminho espiritual veria Deus como energia que tudo transpassa. Isso me deixou confuso.

Ainda é possível rezar a um Deus assim?

Para mim é manifestação de arrogância quando alguém declara as concepções de Deus como antiquadas, visando eliminá-las, construindo uma nova visão dele e colocando-a dogmaticamente como a única possível. Isso só revela alguém se elevando acima dos outros com sua "espiritualidade". Sempre que, em nossa espiritualidade, nos colocamos acima dos outros, ela deixa de estar correta. Nesse caso não trilhamos um caminho espiritual para buscar a Deus, mas para inflar nosso próprio ego.

O que, então, podemos responder diante desse tipo de pergunta? Seguramente não devemos pensar Deus como sendo pequeno. Às vezes o imaginamos exatamente como um ser humano. Porém, o conceito de pessoa que usamos para Ele se encontra num nível diferente. Deus sempre é ambas as coisas: pessoal e suprapessoal. Nós o encontramos na natureza como a energia que tudo perpassa, como o Espírito que tudo preenche e penetra, como o amor que tudo ilumina. Ao mesmo tempo podemos experimentá-lo como um "Tu" que nos interpela, como uma pessoa que nos ama e aceita como somos, que nos ouve quando

Deus está além de todas as palavras e imagens. Ele sempre permanece o Deus inexprimível e incompreensível.

oramos para Ele. Deus está dentro de nós como o fundamento mais profundo, e está fora de nós. Ele é aquele perante o qual nos prostramos. Só faremos jus a Deus quando falarmos dele nessa polaridade. Em todas as palavras, porém, que utilizamos para falar dele, devemos estar sempre cientes de que Ele se encontra além de todas as palavras e imagens, de que Ele sempre permanece o Deus inexprimível e incompreensível.

•••••••••••••••••••

asei-me com um homem que se separou depois de ter sido abandonado por sua mulher. Vivemos um bom casamento. Deus nos presenteou com dois filhos. Mas me dói toda vez que sou excluída da comunhão eucarística, embora eu deseje esse fortalecimento espiritual.

Por que a Igreja me proíbe a comunhão eucarística?

De acordo com a norma eclesiástica, para pessoas separadas que voltaram a se casar não existe casamento sacramental, devendo ser excluídas da comunhão. Para a Igreja, contudo, tem simultaneamente validade normativa o ensino de Santo Tomás de Aquino, que entende a consciência como norma máxima, pela qual devemos nos orientar. Se, pois, a partir de sua consciência e do seu sentimento mais profundo, você tiver a sensação de ser correto participar da Eucaristia, deve fazê-lo. Ora, a comunhão eucarística não é uma recompensa para uma vida altamente virtuosa, mas fortalecimento para o nosso caminho, no qual sempre voltamos a cometer erros. A consciência está sempre acima da norma legal. Existem duas possibilidades concretas para você: (1) siga sua consciência e participe da comunhão onde ninguém a julga, ou (2) converse com o padre, para que possa receber a Eucaristia. A maioria dos cristãos não terá problemas com isso, mesmo porque percebem que você vive um bom casamento.

> A consciência está sempre acima da norma legal.

• • • • • • • • • • • • • • • •

Por que devemos orar para Deus, se Ele já conhece tudo o que nos move?

Deus realmente intervém quando lhe pedimos algo?

É claro que Deus sabe tudo o que se passa em nossa alma. Ele também não necessita da nossa oração, mas faz bem para nós quando conseguimos verbalizar aquilo que nos move. Rezar nos ajuda a encarar a própria verdade. Nesse contexto, nem sempre precisamos encontrar palavras. Às vezes já é suficiente quando permanecemos em silêncio diante de Deus e lhe mostramos tudo o que nos vem à mente. Isso também é oração, pois estamos diante de Deus com tudo o que existe dentro de nós. Também é um bom sinal o fato de pararmos de nos autoavaliar. Se podemos ficar diante de Deus, também poderemos subsistir diante do trono julgador de nosso superego; podemos ser como somos. Não sabemos como atua nossa oração, mas Deus não nos submete a pressões, para que finalmente nos ouça. Deus sempre nos ouve, e nossas preces se transformam à medida que as levamos a Ele. Percebemos que não se trata unicamente de ser feita a nossa vontade. Podemos confiar que Deus opera algo na pessoa pela qual intercedemos. Mas não é possível saber exatamente em que e como Ele atua no outro ou em nós. De qualquer maneira, a oração nos transforma. E, assim, também podemos prever o efeito libertador que possui o gesto de nos entregarmos à sua vontade incompreensível.

De qualquer maneira, a oração nos transforma.

Ao lado de minha meditação pessoal também gostaria de rezar pelos outros. Mas não tenho certeza se minha oração por eles não provém de uma má consciência por eu não fazer o suficiente às pessoas.

Afinal, a minha oração tem algo a ver com os outros?

Sempre é bom rezar por outras pessoas, mas isso não é um substitutivo ao engajamento em favor de outras pessoas. Quando, pois, você orar por outra pessoa, pergunte-se na oração: "O que deseja essa pessoa?" "O que desejo que Deus lhe presenteie ou opere nela?" "O que eu mesmo posso realizar?" "A oração me impulsiona a agir?" E você deveria questionar sua má consciência: "Ela seria produto de meu superego que me impele de ajudar a todos?" Nesse caso seria bom praticar a humildade e reconhecer que não se é o salvador do mundo e que, portanto, não se pode ajudar a todos. Ou a má consciência quer estimulá-lo a, em dado momento, dar atenção a uma determinada pessoa? – Talvez convidá-la para uma conversa ou para um passeio? Fale com sua consciência, fale com Deus na oração. Seu sentimento lhe dirá o que Deus quer de você. Confie que a oração já o une com o outro e que ela terá efeito afortunado para ele.

A oração já o une com o outro.

5 ANSEIO POR VITALIDADE
Não consigo mais me alegrar

Muitas pessoas se sentem sobrecarregadas, solitárias e abandonadas. Ninguém parece se preocupar com elas; chegam a ter a impressão de terem sido esquecidas também por Deus. Falta alegria em sua vida. Em muitos casos, essa carência de alegria e vitalidade se transforma em depressão e seus estados depressivos se multiplicam; seu estado de espírito determinante é o depressivo. Elas perguntam seguidamente por que Deus não as ajuda. Da parte de Deus nem sempre há solução rápida para esse tipo de sentimento estado de espírito.

É importante que tais pessoas passem a se observar e perguntar que aspirações se encontram em seus sentimentos e para que modos de pensar eles apontam. Às vezes nossos estados depressivos também indicam que colocamos expectativas exageradas na vida e em nós mesmos. Também podemos direcionar essas expectativas para Deus e ficar decepcionados quando Ele não corresponde a elas. A oração, por sua vez, não é um recurso mágico que pode nos libertar de todos os sintomas negativos. Ela nos conduz, antes, ao encontro com Deus e com a própria verdade. Somente quando assumimos nossa própria verdade é que será possível algo mudar em nós.

Para mim a vida não vale mais a pena ser vivida. Estou doente. Minha família está dilacerada. Ninguém se preocupa comigo.

Como posso sentir alegria pela vida em minha situação?

Posso entender sua decepção. Você investiu muito em sua família. Agora que está doente ninguém se preocupa com você. Isso dói. Não é possível ignorar essa dor. Mas passando pela tristeza é possível atingir a vida que sempre esteve em você. Ninguém pode lhe tirar suas lembranças de momentos bons e realizados; ninguém pode contestar sua gratidão por ter tido uma vida bem-sucedida. Em sua solidão, procure sentir o que aconteceu em sua vida; confie que essa vida ainda está dentro de si; confie igualmente em seus anelos mais profundos. Lembre-se de que em sua aspiração por vida já existe vida. Quem sabe também consiga dar o salto para Deus, que está em você e que o envolve com seu amor. Por ele não tê-lo abandonado, você também não deve abandonar a si mesmo, mas permanecer consigo. Então passará a sentir alegria no fundo de sua alma, que, segundo os Pais da Igreja, é indestrutível, porque provinda de Deus. Talvez se tornará capaz de se alegrar igualmente com coisas pequenas do dia a dia, com o sol que aquece ou com as lindas flores que florescem diante de sua janela.

> Também as coisas pequenas do dia a dia podem proporcionar alegria.

Sempre tenho minhas fases depressivas. Quando a depressão me acomete fico completamente no escuro. Nada me ajuda; nem mesmo consigo rezar.

Não vejo nenhuma luz em mim, só percebo escuridão.

Inicialmente é importante esclarecer com o médico, o psiquiatra ou o psicólogo qual a forma de depressão que você possui. Caso se trate de uma depressão reativa, não será preciso ficar sentado na escuridão. É importante que você examine sua depressão de acordo com o seu sentido e a sua importância. Se, no entanto, se tratar de uma depressão endógena, então será preciso tomar os medicamentos que o médico lhe prescrever. Mas dê atenção aos efeitos colaterais. Se eles forem muito fortes, peça ao médico para lhe indicar outros medicamentos. Com certeza existem medicamentos adequados para você. Porém é necessário que tenha paciência para encontrar o remédio certo com a ajuda do médico. E, por fim, reconcilie-se com sua depressão; ela o acompanhará futuramente, também em sua caminhada espiritual com Deus. Se você se reconciliar, conseguirá ter um pouco de liberdade no fundo de sua depressão. Não é necessário tentar se livrar dela; ela o acompanhará em

Em sua própria profundidade você poderá pressentir uma nova qualidade da existência.

sua própria profundidade. Ali você experimentará o mistério da vida, pressentirá uma nova qualidade do ser e isso o abrirá para o mistério incompreensível de Deus.

• • • • • • • • • • • • • • • • •

N ão consigo sair do meu desespero. Rezei muito para que Deus me enviasse um bom companheiro, para que eu novamente conseguisse um emprego no qual pudesse me sentir bem.

Nada teve êxito. Isso me deixa sempre mais depressiva.

Consigo entender bem que se sente desesperada, já que nem o trabalho nem o relacionamento são satisfatórios. Isso dói e gera tristeza. Mas é realmente motivo para você naufragar na depressão? A psicologia cognitiva nos diz que a depressão geralmente depende de uma apreciação errônea de si mesmo e da situação. Se você só estiver satisfeita quando encontrar um bom companheiro ou um trabalho agradável, então se torna demasiadamente dependente de coisas exteriores. E, sobretudo, se for da opinião de que Deus necessita ouvir sua prece e lhe dar aquilo que aspira, a decepção aumentará sempre mais e você ficará cada vez mais depressiva. É preciso que passe a interpretar sua vida de forma diferente. É doloroso não ter um companheiro. Mas não é só disso que depende a felicidade. Amor, vitalidade e paz também podem ser sentidos em mim mesmo. Sendo bênção para os outros também pode-se permanecer sozinho. Quanto ao trabalho, ele não necessita ser sempre satisfatório. E posso realizá-lo de tal forma, que possa ser gerador de alegria. Não devemos esperar a cura de nossa depressão a partir de circunstâncias exteriores. A cura propriamente dita ocorre na cabeça e no coração, quando passamos a ver as coisas de outra maneira e, em decorrência

No fundo de sua alma existe paz e uma percepção do profundo mistério de Deus.

disso, a nos sentirmos de modo diferente. Você não tem necessidade de se libertar dos sentimentos depressivos, mas procure primeiramente sentir seu estado de espírito depressivo. O que percebe aí? Como percebe seu corpo? Que saudade aflora em você na depressão? Também a tristeza é expressão de vitalidade. Sinta-se com seus sentimentos singulares; tenha orgulho deles, pois pertencem unicamente a você. É justamente por meio dos sentimentos de tristeza que pode chegar ao fundo de sua alma, onde há paz e uma percepção do profundo mistério de Deus, que mora em sua pessoa.

A escuridão do final da segunda metade do ano, a constante chuva e a neblina que acaba caindo sobre tudo me deixam profundamente abatida.

Temo cair novamente numa depressão neste período de tempo escuro.

O mês de novembro na Alemanha representa um problema psicológico para muitas pessoas. Você não se encontra sozinha com esse medo. Se tiver consciência dele, há dois caminhos. O primeiro é cuidar de si mesma. Faça algo de bom para si; planeje o mês de novembro de tal forma que ele lhe faça bem; dê-se tempo para a meditação; olhe para dentro da luz da vela e imagine ela invadindo a escuridão da depressão; ou reflita sobre as coisas boas que o mês de novembro traz e sobre como pode aproveitá-las em seu benefício. A liturgia nos sugere deixar brilhar a luz de Cristo em nós; a luz interior deve iluminar a escuridão da depressão. O segundo caminho é este: trate sua depressão com carinho. Talvez novembro não queira lhe mostrar senão o outro lado de sua vida; o lado escuro também faz parte de nós. A vida não é feita apenas de superfície; ela igualmente tem sua profundidade escura. Aliás, o sentimento de tristeza também pode ser uma forma de vitalidade; familiarize-se com esses sentimentos depressivos, pois eles podem conduzi-la à sua profundidade e a uma maneira própria de viver a vida.

> O sentimento de tristeza também pode ser uma forma de vitalidade.

● ● ● ● ● ● ● ● ● ● ● ● ● ● ● ●

Muitas vezes sinto-me exageradamente cansado e com pouquíssima força. Não encontro o trabalho certo, e quando consigo um emprego sou excessivamente exigido e rejeitado pelos colegas. Em minha moradia sinto-me muito só; ninguém telefona para mim.

Isso não é vida. Por que Deus não me ajuda?

Posso entender muito bem o seu desejo de que Deus modifique sua situação, lhe conceda mais força e autoconfiança, e lhe possibilite um emprego que combine com você. Mas primeiramente é preciso que você se reconcilie com o fato de não ter a mesma força que constata nas outras pessoas. Trata-se de aceitar assim como é e que sua situação exterior momentânea é justamente essa. Somente quando você se despedir das ilusões que arquitetou sobre si mesmo é que se tornará apto a dizer "sim" a si próprio e a sua situação. Então poderá usar sua criatividade para fazer o melhor que pode de sua situação, tornando-se agradecido por aquilo que Deus lhe presenteou. Você possui uma moradia; tem saúde; há pessoas que o amam. Por tudo isso você poderá amar a si mesmo e ser grato por viver, deixando impressa sua verdadeira marca neste mundo.

> Trata-se inicialmente de aceitar a situação assim como ela se apresenta.

• • • • • • • • • • • • • • • • •

O senhor sugere aproveitar a vida com todos os sentidos. Devido a uma operação, perdi os sentidos do paladar e do olfato. Por isso não posso, por exemplo, saborear comida nem me alegrar com o aroma de uma paisagem que vejo.

Se minha percepção sensitiva está limitada, como hei de aproveitar a vida?

É preciso que primeiramente eu consiga sentir o que se passa por dentro de uma pessoa que não pode identificar gosto nem odor, pois, para mim, o prazer passa por esses dois sentidos. Se não posso me alegrar com comida, falta algo de essencial. Só posso me imaginar como reagiria numa situação dessa. Talvez cuidaria mais conscientemente dos outros sentidos, sobretudo da visão e da audição. Iria tentar desfrutar da beleza de uma paisagem, deixar que os retratos de meus pintores preferidos me sensibilizassem, procurando imaginar as imagens dentro de mim, a fim de me colocarem em contato com a noção de beleza que Deus me concedeu. Possibilitaria que a música tomasse conta do meu interior, para que a audição pudesse me conduzir para o mundo da harmonia, da paz e dos sons celestiais. Entretanto, só poderei desfrutar com meus olhos e ouvidos se primeiramente lamentar a perda dos outros dois sentidos. E isso é dolorido. É necessário atravessar essa dor para que eu possa descobrir o potencial existente nos outros sentidos. Eu iria me perguntar sobre o

Preciso atravessar pela dor para poder descobrir o potencial existente nos outros sentidos.

sentido que poderia ser dado à perda do paladar e do olfato. Talvez isso me possibilite ser conduzido a uma nova forma de quietude, que faça girar tudo em torno do êxtase, mas de uma união e de uma concordância tranquilas comigo e com Deus, de um descanso no fundo de minha alma.

•••••••••••••••••••

Não consigo mais me alegrar com nada. Antigamente sentia alegria quando caminhava pela natureza. Hoje caminho, mas não sinto mais nada. Tudo se tornou vazio para mim.

Estou sem sentimentos. Como posso me alegrar novamente?

Não existe truque rápido para isso. O que você descreve me soa como depressão. Quando ela se instala não é possível sentir nada. Sobre sua alma colocou-se algo que o impede de se alegrar, e eu falaria com esse intruso. Isso estaria me mostrando que necessito primeiramente cuidar bem, para então poder entrar novamente em contato comigo mesmo e com meus sentimentos? Procure detectar algo com os seus sentidos; saia para a natureza, procurando, por exemplo, sentir o vento e o sol que o aquece. Não há necessidade de ser tomado por sentimentos específicos. Mas talvez perceba novamente aquilo que, de fora, vem ao seu encontro. Isso poderia representar o começo de sua percepção da beleza que se encontra ao seu redor e de uma alegria que talvez possa ter por ela. Por fim, volte-se para seu interior. Onde dá para sentir esse vazio? Ao imaginá-lo, tente transpassá-lo. Existem ali outros sentimentos e outras imagens que afloram em sua pessoa? Creia que sob seu vazio existe uma fonte de alegria. Basta essa percepção para relativizar sua sensibilidade ao vazio. Jamais esmoreça. Talvez uma palavra, um encontro ou uma experiência espiritual volte a restabelecê-lo.

> Creia que sob seu vazio existe uma fonte de alegria.

● ● ● ● ● ● ● ● ● ● ● ● ● ● ●

Sinto-me muito cansada ultimamente, sem ânimo. Investi muito em meu casamento, tentei entrar em diálogo com meu marido sobre como poderíamos nos comunicar melhor. Minha impressão, entretanto, é que não adiantou nada. Estou farta da luta. Também na empresa perdi a vontade de me engajar. Tudo descamba no vazio.

Isso é resignação? Ou é típico de burnout?

O cansaço sempre tem um sentido. Você não deveria se culpar da fadiga ou ter medo de que ela seja *burnout*. Fale com o seu cansaço: "O que você quer me comunicar?" Em relação ao casamento: "Talvez agora não vem ao caso discutir todos os problemas com meu marido. Agora eu mesma estou na vez; devo preocupar-me comigo mesma. O que me dá vitalidade? Não sou feliz unicamente quando meu esposo me entende e temos boas conversas. Minha felicidade não depende só dele, mas também de minha vitalidade. Onde sinto falta de vitalidade? De que precisa minha alma para que eu entre em sintonia comigo mesma, para que minha vida flua novamente?"

Em relação ao trabalho, seu cansaço seguramente traz um sentido. Talvez você devesse encarar a empresa e seu trabalho por outro ângulo. Permaneça consigo; dê atenção àquilo que sua própria pessoa irradia. Dessa maneira criará outra atmosfera ao redor de si. Não precisa "arrancar os cabelos", lutando por um clima melhor em seu ambiente de trabalho. Você mesma determina o clima, pelo menos aquele ao redor de si mesma. Se conseguir evidenciar isso, não

> Entre em diálogo com seu cansaço e deixe-se conduzir por ele a outra dimensão da vida.

será mais tão cansativo para você. Igualmente, não ficará mais resignada; antes, ali onde trabalha, estará viva e irradiará vitalidade, amabilidade, paz e esperança. Entre, portanto, em diálogo com seu cansaço, confiando que Deus fale a você justamente por meio dele. Sendo assim, você não precisará combatê-lo, mas poderá conviver com ele, deixando que a conduza a outra dimensão da vida.

Estou muito mal; nem consigo mais sair do quarto; não posso mais ir a nenhum médico; sinto-me abandonado. Por que Deus não me ajuda? Antigamente eu rezava bastante, mas agora não sinto Deus nem sua proximidade.

Tenho a impressão de que também Ele me abandonou.

Consigo entender muito bem que você se sente abandonado e que não vai bem. Mas simplesmente não tenho condições de ajudá-lo. Por sua vez, Deus não vai tirá-lo magicamente da solidão; não o ajudará se você não procurá-lo; Ele não ajuda "de fora". Mas se você se entregar a Deus em sua solidão, então tudo se transformará: não mais se sentirá sozinho; não estará somente deitado na cama, mas nos braços protetores e amorosos dele. Você afirma não sentir a proximidade de Deus, mas não podemos forçá-la. Entretanto, se você crê na proximidade de Deus, se você crê não estar sozinho agora nesse quarto, mas envolto pelo amor de Deus, então também se sentirá de maneira diferente. Deus sempre ajuda, com certeza; mas não de forma mágica, mas como pai, ao qual pode se dirigir e em cuja proximidade se sente amparado e carregado.

Deus vai ajudá-lo se você o procurar. Mas Deus não ajuda "de fora".

● ● ● ● ● ● ● ● ● ● ● ● ● ● ● ●

Não consigo mais sentir alegria por nada. Tudo é muito escuro, cinza; sofro com depressões e não consigo me afastar delas. Não há progresso. As muitas terapias também não me ajudaram, valendo a mesma coisa para minhas orações. Tenho a impressão de que ninguém pode me ajudar.

O que ainda posso fazer?
Já tentei de tudo!

Não coloque essa tarefa "nas mãos de Deus". Mas aceite a existência de sua depressão. Sinta-se em meio a ela; na escuridão, na ausência de sentimentos, no vazio. Além disso, procure transpor o que é depressivo até o fundo de sua alma. Ali sua depressão não a determina mais; ela não pode entrar naquele espaço. Ali, no fundo de sua alma, mora Deus. Se você ocupar esse local íntimo, por meio da meditação ou pela imaginação, sentir-se-á em casa consigo e com Deus, em meio a sua depressão. Nesse caso, é verdade, você continuará não tendo forças para dar conta da vida com êxito, mas perceberá uma paz interior em meio a sua depressão, que não poderá mais dominá-la. Você poderá reconciliar-se com ela, porque ela a conduzirá a sua própria profundeza, à profundidade de seu ser; em última análise, para dentro da profundidade de Deus.

> Procure transpor o que é depressivo até o fundo de sua alma.

• • • • • • • • • • • • • •

Quase não consigo mais ver os noticiários na televisão. Quando vejo as crianças esfomeadas na África, as cruéis batalhas na Síria e a miséria dos refugiados, sinto-me paralisado. Sou acometido de profunda tristeza e não tenho mais forças para viver.

Como posso fechar os olhos diante do sofrimento?

Você não deve fechar os olhos diante do sofrimento no mundo, mas – a título de exemplo – não ajudará as pessoas da África "se derretendo em lágrimas de compaixão" por elas. Há necessidade de um distanciamento saudável. Isso, porém, não significa isolar o seu coração do sofrimento no mundo, mas sim despedir-se da ilusão de ser deus e ter a capacidade de amenizar todo padecimento; suas possibilidades são limitadas diante de um mundo repleto de sofrimento. Mas procure fazer algo, sendo solidário; faça o que estiver a seu alcance e se reconcilie com sua limitação. Por outro lado, conscientize-se de que não vivemos simplesmente "numa ilha de afortunados"; também experimentamos sofrimento. Você pode dizer que o seu sofrimento é pequeno, se comparado ao das crianças esfomeadas. Contudo, isso não o levará adiante. Você continua, por exemplo, sofrendo *bullying* do colega de trabalho e constante desvalorização de seu pai. Todos sofrem. Você precisaria confiar que seu sofrimento pode levá-lo ao seu verdadeiro eu, e isso não precisa ser visto ou reconhecido por todos. Também deveria confiar que Deus mostra às crianças sofredoras da África um caminho para superar a situação e preservar um contentamento interior, a despeito de seu sofrimento.

Pergunte-se: "Como posso contribuir para um mundo mais justo?" "Onde preciso respeitar meus limites?"

Se estiver fixado na injustiça no mundo você paralisará a si próprio e em nada contribuirá para um mundo mais justo. Talvez também poderia se perguntar: "O que ganho me preocupando constantemente com a injustiça no mundo?" "É possível que pela fixação na injustiça eu esteja me negando a ser justo comigo mesmo e com as pessoas do meu entorno?" "Seria uma fuga dos desafios que o dia a dia me coloca?" Quando você fizer essas perguntas a si mesmo poderá descobrir a maneira de contribuir para um mundo mais justo, a aceitar seus limites e a ser justo consigo mesmo, em vez de exigir-se demais com a pretensão de transformar a coletividade humana.

•••••••••••••••

Quando fico por alguns dias no mosteiro ou participo de um curso, sinto-me bem. Vejo minha vida de forma diferente e tenho mais esperança. Mas tão logo penso no meu dia a dia, fico com medo de cair novamente na velha rotina. Resolvi ser totalmente eu mesmo. Temo, entretanto, me adaptar novamente às expectativas dos outros.

O que posso fazer quando as ondas novamente quebrarem sobre mim?

Você não deveria se propor a realizar coisas em demasia. Conscientize-se do que lhe marcou nesses momentos de refúgio e permita que isso penetre profundamente em seu coração. Relembre-se constantemente de quando você se conscientizou disso: "Eu sou eu mesmo". Você sentiu-se livre; conseguiu se reerguer e notou que a vida pode não ser tão extenuante. Ela simplesmente flui quando procuro viver intensamente a partir de mim, em vez de me colocar constantemente sob pressão para cumprir as expectativas de outros.

Você também pode se propor a dizer algumas vezes durante o dia: "Eu sou eu mesmo". Diga-se essa frase já no início de seu dia, quando tocar o despertador. Assim não se sentirá determinado pelos compromissos da agenda, mas livre interiormente, já ao despertar. Repita também essa frase quando vai para uma conversa com o chefe ou para uma reunião. No momento em que o fizer você já se sentirá livre. Não é tão importante que consiga manter essa liberdade interior durante toda a reunião, mas, pelo menos, ela é iniciada de forma diferente. Essa sua prática possibilitará que em algum momento a liberdade interior vá se "tornando carne e sangue". É preciso que você exercite isso continuadamente.

Diga-se sempre de novo a frase: "Eu sou eu mesmo" e deixe que ela cale fundo em seu coração.

Sinto-me endurecido. Consigo realizar as coisas, mas sem vitalidade.

Como encontro o caminho para a vitalidade?

A percepção do seu endurecimento significa que ainda tem sentimento. Procure envolver-se nesse sentimento: Onde você se sente enrijecido? Consegue localizar esse sentimento no corpo? Ele se encontra na área do coração, nas costas ou na barriga? Entre nesse sentimento. Talvez ele já se transforme no momento em que você o perceber. Caso isso não ocorra, pergunte a si mesmo: "O que está *abaixo* do sentimento de enrijecimento?" Talvez você já descubra nisso um pouco de vitalidade. Ou pergunte a si mesmo o que esse sentimento pretende lhe dizer: "O que se encontra endurecido dentro de você?" "E por que está assim?" "De que o enrijecimento quer protegê-lo?" "Seria protegê-lo do sentimento de uma dor profunda ou de uma decepção?" Tenha a coragem de se ocupar com o sentimento, de entrar nele ou de iniciar uma conversa com ele. Ocupando-se com o enrijecimento, ele não o domina mais.

O que está enrijecido em você? E por que está assim? De que o enrijecimento quer protegê-lo?

● ● ● ● ● ● ● ● · ● · ● · ● ● ●

6 CRISES, FRUSTRAÇÃO E FRACASSOS
À procura de parcerias que deem certo

O tema do relacionamento malsucedido é recorrente nas perguntas que me fazem. Hoje em dia não é muito fácil nem natural que um relacionamento obtenha êxito. Muitas vezes colocamos expectativas demasiadamente altas na outra pessoa; outras vezes nossas decepções são causadas por imagens e desejos que projetamos nelas; ou nos afastamos gradativamente da vida um do outro, impossibilitando o diálogo; ainda há o sofrimento por não encontrar o parceiro ou a parceira adequados. Amar e ser amado são anseios antiquíssimos dentro do ser humano, mas este igualmente vivencia que isso nem sempre traz a felicidade esperada. Ora, amor não deve ser confundido com o enamoramento que, também em relacionamentos bem-sucedidos, descreve só uma fase da relação. Trata-se de um caminho para amar o outro assim como ele é. É uma trajetória de exercícios, e por isso faz-se necessário despertar constantemente o amor para o outro dentro de si, estruturando-o de tal forma que se torne frutífero para ambos e que seja gerador de felicidade mútua. Cada relacionamento é único, não existindo sugestões padronizadas para todos eles. Não obstante, podemos relativizar nossa visão – por vezes excessivamente unilateral –, levando-nos a descobrir o lado positivo entranhado em nosso relacionamento. Também nesse particular não entendo minhas respostas como sugestões aos leitores, mas como convite para verem seus relacionamentos e a si mesmos a partir de uma nova perspectiva.

Eu anseio por namoro e parceria. Entretanto, assim que uma mulher se aproxima de mim, sou acometido de medo por muita proximidade. Temo envolver-me no relacionamento. A mulher poderia decepcionar-se comigo e me abandonar novamente.

Impeço qualquer namoro com meu medo. E, não obstante, anseio profundamente por isso.

Você primeiramente precisa se reconciliar com o seu medo. É legítimo o seu medo de que um relacionamento possa acabar mal. Mas o que deflagra esse sentimento em você? Ele o relembra de uma experiência de abandono na infância? Nesse caso você precisaria se confrontar novamente com essa dor e então imaginar: "Sim, posso ser abandonado novamente. Mas se não procuro contato com ninguém, já estou abandonado agora; assim eu abandono a mim mesmo e não permaneço comigo e com minha saudade". Em seguida posso afirmar para mim mesmo que Deus não me abandona. É preciso ter consciência de que entrar num relacionamento sempre traz risco; mas se você evitar essa possibilidade permanecerá sozinho. Um relacionamento tende a crescer. Porém se, após os encontros iniciais, você notar que há algo de errado nessa relação, poderá se separar sem que a mágoa seja demasiadamente profunda. Mas, se perceber que tudo caminha sem maiores problemas, você poderá confiar que o amor crescerá sempre mais e que ambos poderão se complementar mutuamente. É preciso que você se despeça de concepções

> Trata-se de abandonar as concepções absolutas. A cada relacionamento também pertencem dúvidas. Preciso encará-las.

absolutas, como se as dúvidas não fizessem parte de todo o relacionamento. É preciso encarar essas dúvidas, pois me sinalizam que a parceira não é uma mulher perfeita. Permitindo as dúvidas descobrirei por que vale a pena envolver-se com essa mulher e dividir com ela minha vida.

Há dois anos vivo separado de minha esposa. Continuo não conseguindo perdoá-la por ter me traído.

Preciso realmente perdoar até isso?

Uma profunda ofensa não se consegue perdoar por decreto. Mesmo assim, o mandamento de perdão de Jesus contém um propósito saudável. Quando não perdoamos, continuamos vinculados interiormente àquele que nos magoou. Ainda lhe concedemos poder. Por isso, o ato de perdoar é um caminho para se livrar do poder ofensivo do outro, mas não significa um simples desculpar ou mesmo aprovar. Psicologicamente, o perdão precisa ser entendido de maneira correta, e compõe-se de cinco passos:

1) Permitir a dor e não desculpar o comportamento ofensivo.

2) Permitir a raiva. Ela é a força para se distanciar interiormente de sua mulher. Em seguida, transforme-a em ambição: "Não sou dependente de minha mulher. Posso viver por mim mesmo".

3) Considerar a experiência ofensiva de forma objetiva e sóbria: "O que transcorreu naquela ocasião?" "Por que minha mulher fez aquilo?" "Como isso me afetou?"

4) Só agora vem o perdão. Ele é a força para se libertar da energia negativa que ainda está em você devido à ofensa. Você se liberta de sua mulher e, assim, está livre para dar atenção à própria vida.

5) Transformar as feridas em pérolas. Doeu, mas por essa ofensa você também

Perdoar alguém não significa ter de abraçá-lo.

desabrochou: para seu verdadeiro eu; para Deus; para as pessoas que agora entende de maneira nova. Talvez agora você possa descobrir e desenvolver novas forças em si mesmo.

Perdoar não significa que vá abraçar sua mulher. Talvez você necessite do distanciamento por um longo tempo para – apesar do perdão ocorrido interiormente – não permitir que ocorra uma nova ofensa. Você também necessita reconciliar-se com seu próprio limite. Se você tiver filhos, é muito importante que eles não sejam envolvidos no conflito. Por isso o perdão também traz consequências a eles, para que não percam nem pai e nem mãe.

R esido há cinco anos com meu namorado. Recentemente ele me fez uma proposta de casamento. Há poucas semanas eu ainda teria dito *sim*, sem hesitar. Agora, porém, eu lhe pedi primeiramente um tempo de reflexão. Motivo: conheci um homem no meu curso de ioga, e sua presença, depois de muito tempo, me "causa frio na barriga". Estou completamente confusa e não sei se isso é só excesso de emoção ou se existe algo a mais. Como devo me comportar?

Não quero colocar meu relacionamento em risco, mas também não pretendo atropelar nada.

Encontrar-se num relacionamento firme e, não obstante, se apaixonar por outro homem é o que lhe ocorrerá sempre também no casamento. A pergunta é como integrar o estar apaixonada com o relacionamento existente. Se já mora junto com seu namorado há cinco anos e teria, até há pouco tempo, aceitado o pedido de casamento sem hesitação, isso já diz muito em favor de se decidir por esse relacionamento.

Sempre nos apaixonamos por pessoas que vivem algo do que está em nós, mas que vivemos muito pouco. Pergunte-se, pois, o que esse homem provoca em você, e descubra isso em seu interior. Assim, não precisa colocar seu relacionamento em jogo por causa disso. Você está com trinta e três anos. Caso se decida pelo outro homem irá necessitar de um novo tempo de adaptação, terá decidi-

> A pergunta é como integrar o estar apaixonada com o relacionamento existente.

do contra seu atual namorado e estará sozinha com a nova situação. Lembre-se de que o ser humano jamais encontrará parceiro(a) ideal, isto é, que tenha sintonia com todos os seus sentimentos. Portanto, sempre haverá homens que sensibilizarão outros lados seus. Assim, você deverá se despedir da ilusão que faz de uma outra pessoa e aprender a dizer sim a si mesmas, com suas características, e a seu namorado, que também possui seus altos e baixos. Deve lamentar que nem você nem seu namorado são ideais. Esse lamento a fará ter contato com todas as forças positivas existentes em você e em seu namorado.

Desejo-lhe que o anjo da clareza a acompanhe em sua decisão.

•••••••••••••••••

M eu matrimônio fracassou. No casamento havia pensado que seríamos um par ideal. Ambos vivíamos a partir da fé, tínhamos interesses comuns, nós nos amávamos e nos alegrávamos mutuamente. Mas acabamos nos afastando cada vez mais. Meu marido agora me abandonou, pois encontrou uma mulher com a qual afirma sentir uma identificação de alma; com a qual estaria experimentando um amor envolvente, como nunca experimentou comigo. Envergonho-me diante das pessoas de minha paróquia, pois ambos éramos engajados na Igreja.

Eu sinto vergonha porque meu marido me abandonou!

Dói ter de admitir que o casamento fracassou, apesar da boa vontade, apesar de toda espiritualidade e apesar do forte amor que sentiam um pelo outro. Esse fracasso você precisa lamentar, pois o lamento a conduz à humildade. Mas humildade não significa que você se apequene, mas que não pode realizar tudo o que deseja. Sua vontade era a continuação desse casamento, mas isso não foi possível. E se você conseguir se reconciliar com esse fracasso não precisará se envergonhar ou se desculpar diante dos outros. Você se aceitará, incluindo nisso o seu fracasso. Não deve se tornar má a si mesma ou procurar em si toda a culpa. Quando aflorarem pensamentos sobre o que as pessoas podem pensar a respeito de sua pessoa, não dê crédito a elas, pois isso não ajuda. As pessoas podem pensar o que quiserem; se a condenam, isso é problema delas. Muitas delas projetarão seus próprios problemas em você.

> Se conseguir se reconciliar com esse fracasso não precisará se envergonhar ou se desculpar perante os outros.

O que lhe importa é apresentar seu fracasso a Deus, confiando que sua vida irá continuar bem; que pelo fracasso você terá acesso ao fundo de sua alma e que ali descobrirá de maneira nova a singularidade e a peculiaridade de seu ser. E quem sabe também surjam novas possibilidades de realização dos seus mais profundos sonhos de vida.

D urante muitos anos rezo para encontrar o homem dos meus sonhos. Isso é ingênuo?

Por que minha oração por um bom companheiro fica sem resposta?

Sem dúvida é correto que você peça a Deus para lhe mandar o homem certo. Mas a oração não a livra da tarefa de colocar-se em busca de sua realização. A oração deverá conceder-lhe abertura para isso. Caso não encontre um homem que se enquadre em seus padrões, deveria se perguntar pela razão disso. Talvez tenha expectativas muito altas ou transmita algo aos homens que os faça se afastarem de você. A oração sempre faz sentido, mas ela também quer convidá-la a se conhecer melhor diante dele. Também deveria pedir a Deus que lhe mostre o que você mesma pode fazer para conseguir encontrar o homem com o qual gostaria de dividir o resto de sua vida.

> A oração não a livra da tarefa de colocar-se em busca do homem certo.

• • • • • • • • • • • • • • •

S ou viúva há mais de vinte anos e apaixonei-me novamente. Meu novo parceiro, com 73 anos, está vivendo o seu terceiro casamento. Sua esposa sofre de Parkinson, mas ele diz que ela lhe assegurou poder viver sua própria vida. Desde que tomei conhecimento que ele é casado, dúvidas me assolam. Estou cometendo um grave pecado?

Preciso abandonar meu namorado?

Você pode ser grata pelo fato de ter se apaixonado. É claro que objetivamente não é correto manter relacionamento com um homem casado. Porém, a pergunta decisiva é se isso destrói o casamento dele, prejudicando a sua esposa. Se o seu relacionamento capacitar seu namorado a tratar de maneira amorosa sua esposa doente, você poderá viver essa relação. Objetivamente, isso vai contra as normas da Igreja. Entretanto, se reverter em bem a todos os envolvidos, não seria contra a vontade de Deus. Não obstante, é necessário haver muita sinceridade

Um relacionamento que reverter em bênção para todos não será contra a vontade de Deus.

em casos como esse, pois é muito fácil se incorrer no perigo de dissimulação. Portanto, apresente a pergunta a Deus, passando a ouvir atentamente a sua consciência, pois esta é a norma mais importante. Isso também é doutrina da Igreja.

Sofro em meu casamento. Meu marido não demonstra sensibilidade para comigo e para com minhas necessidades. Gostaria de falar com ele sobre meus sentimentos, mas ele bloqueia. Sinto-me um tanto só e não compreendida no relacionamento.

O que posso fazer para que meu casamento seja mais feliz?

É compreensível o desejo de que seu marido lhe entenda melhor e que esteja disposto a conversar com você sobre os seus sentimentos. Mas a realidade é que, agora, as coisas não são assim. Não perca a esperança de que a situação vá melhorar. Inicialmente, porém, você necessita lamentar sua atual situação, ou seja, que o seu casamento não é tão ideal como você o almejou. Também precisa lamentar por se sentir só e abandonada. Isso dói. Contudo, na tristeza você passará a entrar em contato mais profundo consigo mesma, com a imagem única e singular que Deus fez de sua pessoa. E quando você estiver nesse contato íntimo consigo mesma, não será tão importante se o seu marido a entende ou não. Ou seja, para tornar seu matrimônio mais feliz, inicialmente deverá procurar a felicidade em si mesma; se estiver em sintonia consigo, será feliz, independentemente do que vier exteriormente. Somente depois de se reconciliar consigo e com sua solidão é que poderá dar os primeiros passos em direção ao seu marido. Então certamente lhe surgirão alternativas de como atraí-lo para fora de seu fechamento e de sua reserva; de como poderá reiniciar conversas com ele. Mas se você for direto ao assunto, na esperança de que ele,

> Inicialmente você deverá procurar a felicidade em si mesma. Então também encontrará novos caminhos de convivência com seu marido.

finalmente, fale sobre os seus sentimentos, isso apenas o bloqueará. A possibilidade de ele abdicar de sua rigidez será tanto maior quanto mais você falar de si, daquilo que lhe é importante e aquilo que deseja para ele. Isso tudo sem expectativas, mas cheia de esperança e confiança. Você necessita de paciência.

● ● ● ● ● ● ● ● ● ● ● ● ● ● ● ● ● ●

Muitas vezes meu marido me magoa. Ele me acusa de ser desleixada. Não consigo mais aguentar isso.

Com esse homem perco todo o meu sentimento de autoestima.

Você não deve deixar seu sentimento de autoestima depender de seu marido; se for insultada com palavras inadequadas, deixe-as com ele. Essas palavras revelam algo dele mesmo, de sua própria frustração. Aparentemente, ele espera por uma mulher jovem e atraente que o faça se esquecer da própria idade. Da próxima vez que isso acontecer, imagine-se num teatro; você assiste ao que seu marido está novamente representando, mas não entra na cena. Assim, ele não terá poder sobre você. É claro que existem limites, e você deveria empregar sua agressão para defini-los, dizendo a ele que não permite ser tratada dessa forma. Simplesmente mude de quarto ou abandone a casa. Se a situação ficar ainda pior, pondere se eventualmente não seria adequada uma separação.

> Imagine-se estando num teatro.
> Você assiste ao que seu marido está novamente representando, mas não entra na cena.

Meu marido e eu vivemos cada um para o seu lado. Somos atenciosos um para com o outro e também conseguimos trocar boas ideias sobre a organização da economia doméstica ou sobre os filhos, mas não temos mais nada a nos dizer enquanto casal.

Não sinto mais nenhum amor.
Como isto irá continuar?

Inicialmente vocês deveriam ser gratos porque conseguem se relacionar com respeito e que ambos querem o bem da família. Se no momento, enquanto casal, não têm o que dizer, existem duas possibilidades. A primeira seria tentar conversar com ele, sem acusações, sobre vocês e sobre os seus sentimentos. Assim você poderia perceber sua reação; se ele tem uma visão semelhante a sua. E então, talvez lhes ocorram caminhos para intensificar novamente a vida a dois. Ou buscariam uma terapia de casal. A segunda possibilidade seria mergulhar em si mesma para se desenvolver. Leia livros ou faça cursos e as atividades que despertam seu interesse. Quando você se preocupa consigo mesma, a relação com o outro também volta a se tornar mais interessante. Talvez o parceiro fique curioso por aquilo que você está fazendo, e também faça algo por si mesmo. Se vocês não têm mais nada a dizer pode ser reflexo de vazio interior. Quando o interior se encontrar abastecido o coração também poderá se manifestar novamente.

Há um bom tempo não tenho mais relação sexual com minha esposa. Sofro muito com isso, mas ela afirma não poder ir contra a sua própria natureza.

Preciso aceitar a rejeição sexual no casamento?

Quando o relacionamento sexual entre o casal não é mais possível, a primeira tarefa consiste em verificar exatamente como se encontra a relação de uma forma geral. Existem mágoas? Como se desenvolveu a relação? Importante é não trabalhar com acusações recíprocas, mas ver de forma sóbria e aberta o que a resistência está querendo dizer a você e a seu relacionamento. Talvez uma terapia de casais possa ajudá-los; nela vocês poderiam examinar acusações mútuas, analisar-se mutuamente após o fim do relacionamento sexual e saber sobre as possibilidades que existem de reiniciá-lo. Todo relacionamento não pode ser prescrito apenas por uma das partes. Demanda tempo para que um relacionamento se torne novamente tão vivo que ele possa expressar-se também sexualmente.

Se nem a conversa nem a terapia de casal ajudarem, seria importante você aceitar o fato de que não pode viver a sexualidade com sua esposa. Além da sexualidade existem muitas possibilidades para se relacionar de forma carinhosa e amorosa com sua esposa e para lhe mostrar que você a ama assim como ela é. Você também poderia se perguntar como desenvolver sua sexualidade em outros âmbitos. Que outros âmbitos o fariam se sentir com vitalidade? Tente ver a rejeição da sexualidade por parte de sua

> Não deveríamos só lamentar o que não foi vivido, mas também descobrir as novas possibilidades e chances que se oferecem.

mulher como chance de crescer espiritualmente. Ora, a sexualidade sempre é, também, fonte de espiritualidade; ela quer direcionar nosso profundo anelo por Deus. Talvez na meditação e na oração você possa se sentir uno consigo mesmo, integrando seu corpo e sua sexualidade. Você deve lamentar a não vida, mas também descobrirá nisso novas possibilidades que lhe são oferecidas.

Muitas vezes tenho problemas quando meu marido quer relacionamento sexual comigo. Não costumo ter necessidade disso. Quando, dias atrás, lhe falei a esse respeito, ele me respondeu que precisava disso para poder descontrair. Isso me magoou bastante. Como devo me comportar?

Sinto-me usada por meu próprio marido.

De alguma maneira deveria dizer a ele o que a afirmação dele desencadeou em você. Então poderão refletir como pretendem reagir diante das necessidades de união sexual um tanto diferentes. Você não deveria se curvar ou mesmo se coagir interiormente; é preciso que dê atenção àquilo que sente. Mas, ao mesmo tempo, deveria se perguntar: "Minha resistência diz algo sobre minha relação com meu marido?" "Existem mágoas que me impedem de dormir com ele?" "Ou se trata de uma rejeição interior da sexualidade, que se impregnou em mim desde a minha infância?" "Ou temos simplesmente um ritmo diferente dentro de nós?"

Esposa e marido nem sempre têm as mesmas necessidades. Sendo assim, por um lado é necessário ter uma atenta percepção sobre os próprios sentimentos; por outro, você deveria se perguntar: "Mesmo que hoje eu não esteja com muita vontade, não poderia concordar com o desejo do meu marido, entregar-me a ele e, talvez, também experimentar uma realização no ato de entregar?" Às vezes faz bem concordar com o desejo do parceiro – e isso não vale somente para a sexualidade –, pois pode ser prejudicial para

> É prejudicial para o relacionamento quando sempre só uma pessoa faz prevalecer a sua vontade.

o relacionamento quando somente prevalece a vontade de uma das partes. É necessário que ambas as pessoas estejam dispostas a concordar com os desejos momentâneos do outro e, por vezes, também abdicar dos desejos próprios. Mas ações assim configuram sempre atos de equilíbrio. De fora não consigo dizer muito sobre o assunto. Tente conversar com seu marido sobre um caminho que possa levar vocês dois em consideração e com o qual ambos possam viver satisfeitos.

Minha esposa constantemente critica coisas em mim. Não consigo fazer nada direito para ela; só consigo me sentir inferiorizado. Minha doença de câncer me indica que não viverei mais por muito tempo; não sei se ainda conseguirei viver até o final do ano. Até mesmo minha doença não impede minha mulher de desvalorizar tudo em minha pessoa.

Sinto-me inferiorizado e rejeitado pela minha mulher.

É doloroso você ter a sensação de não conseguir fazer nada direito para sua esposa; de você mesmo como pessoa parecer errado e de representar um fardo para ela. Ao que tudo indica sua esposa está insatisfeita, sentindo-se inferiorizada em relação a si mesma. Essa seria a razão pela qual sempre necessita inferiorizá-lo. Você só conseguirá se proteger imaginando o seguinte: "Minha esposa está representando o teatro de sua inferioridade; só posso assistir, mas não participar". Mas naturalmente fica triste por lhe estar sendo apresentada essa peça teatral que não pensa na despedida que os aguarda. Você só pode esperar que em algum momento ela reconheça quem está abandonando e que possa fazer a despedida de forma consciente. Escreva-lhe mostrando que marca pretende imprimir neste mundo com a sua vida e sobre aquilo que deseja dela. Faça-o sem se reprimir. Mostre a ela o que pretendeu transmitir com sua vida, mesmo que isso nem sempre tenha dado certo como você imaginou. No mais tardar, depois de sua morte, suas palavras irão provocar uma transformação nela. Dessa esperança você não deveria desistir. Mas se proteja, perma-

> Não desista da esperança, mas se proteja.

necendo consigo mesmo e oferecendo a Deus o tempo de vida que ainda lhe resta, para que Ele abençoe os seus dias e que você possa realizar na morte aquele vínculo do ditado alemão: "Que você abençoe o que é temporal e se transforme em bênção para aqueles que ainda estão no tempo".

Meu marido me abandonou por causa de outra mulher. Eu ainda o amo e faria de tudo para poder estar junto dele novamente. Ele, no entanto, não me dá qualquer chance; decidiu-se pela outra. Isso magoa; tenho a impressão de não valer nada e me sinto como que paralisada. E, não obstante, ainda preciso estar à disposição dos meus filhos.

Caiu por terra meu sonho de um bom casamento.

É preciso lamentar que o seu sonho de um bom casamento e de família estruturada tenha caído por terra com o abandono do lar pelo seu marido. Isso é muito dolorido e você não pode evitar essa dor. Perpasse-a até chegar ao fundo de sua alma. Ali, abaixo de sua dor, entrará em contato com o seu verdadeiro eu; ali reconhecerá não ser somente a mulher desse homem que a abandonou, mas uma pessoa singular e única; ali entrará em contato com a imagem genuína que Deus fez para si. E talvez, no fundo de sua alma, surja uma nova esperança de continuar vivendo sua vida de maneira renovada, de desenvolver outras possibilidades e forças que não provenham só de sua pessoa. Assim, quando estiver em contato com essa fonte interior, você não ficará mais orbitando em torno da pergunta se foi ou não suficientemente boa para seu marido. Também não girará mais em torno da mágoa, da decepção e da raiva por seu marido ter lhe causado tudo isso. Você, porém, transformará sua raiva, constatando em si mesma: "Eu consigo viver por mim mesma. Não sou unicamente *Eu consigo viver por mim mesma. Não sou unicamente a mulher desse homem.*

a mulher desse homem. A partir de agora tomarei o controle da minha vida, fazendo-a desabrochar e se tornar uma bênção para meus filhos e para outras pessoas".

Meu marido me perguntou se eu concordaria que uma ex-namorada sua da escola fosse nos visitar. Concordei, pois sabia que o relacionamento entre eu e meu marido estava bom e que não havia relação mais íntima entre ele e essa ex-namorada. Porém, quando ela chegou, quase não me aguentei de ciúme. Fiquei decepcionada comigo mesma, já que meu marido havia me perguntado explicitamente.

O ciúme simplesmente tomou conta de mim.

Aparentemente você se superestimou quando pensou que a visita daquela ex-namorada de seu marido não seria problema para você. Não se condene por isso, mas encare com toda a humildade o seu próprio limite: "Mesmo que eu não queira ser ciumenta, o ciúme está em mim; eu não consigo aguentar a familiaridade do meu marido com antigas namoradas". Constate isso sem avaliar. Em seguida se pergunte do que esse ciúme faz você se lembrar. É provável que nesse seu ciúme, contra o qual não consegue se defender, aflore alguma velha ferida. Você já foi abandonada alguma vez? Sua confiança foi traída? Você tem um temor básico de não ser suficientemente digna de ser amada, de não ser suficientemente atrativa e que, em decorrência, seu marido poderia passar a se relacionar com outras mulheres? Aceite simplesmente essas perguntas e as respostas que se formarem em seu coração. Perpasse a dor e o ciúme até chegar ao fundo de sua alma, experimentando paz. Não se trata, porém, de uma paz que a liberte de todo ciúme e de toda dor, mas que está abaixo disso. Quando você che-

Qual é seu temor básico? Você já foi abandonada alguma vez? Sua confiança foi traída?

gar nesse fundo entrará em acordo consigo, também com o seu ciúme, pois se tornou humilde e teve a coragem de passar por todas as turbulências emocionais. E nessa intimidade interior sentirá uma profunda paz.

●●●●●●●●●●●●●●●●●●

Estou bem-casado e tenho dois filhos. Ultimamente tenho fortes desejos para ver filmes pornográficos com relações homossexuais. Assusto-me com esses desejos ardentes. Será que sou homossexual? Assistir a tais filmes é pecado?

Como conseguirei me libertar dessa fixação?

Inicialmente é importante você tomar consciência de seus atos. Saiba desta verdade: quanto mais você proibir algo dentro de si, maior será a vontade de praticá-lo, e quanto mais associar esse tipo de imagem a sentimentos de culpa, menos chance terá de se livrar dele. Simplesmente se pergunte: "Qual é a razão desses filmes?" "Eles me colocam em contato com minha própria masculinidade?" "Sofro com o fato de não me sentir plenamente homem?" Então a vontade de assistir essa categoria de filme passaria a ser um convite para você refletir sobre a sua masculinidade: "O que me caracteriza como homem?" "O que me leva a correr atrás de falsas imagens de masculinidade?" Se você chegar à causa do forte desejo de assistir a esses filmes, naturalmente deixará de ter esse tipo de impulso. Então notará que sua alma somente o pressionou para que pudesse ter maior clareza de sua identidade. Não creio que esse fato possa categorizá-lo como homossexual. Mas não se esqueça que em todo homem existem traços homoafetivos. Se você souber esse fato conscientemente, poderá desfrutar da amizade com homens sem ter medo de que isso possa se transformar em relação homossexual. Repare em seu círculo de amizade: "Quais homens escolherei como amigos?" "Como

O que me caracteriza como homem? Quando corro atrás de falsas imagens de masculinidade?

eles enriquecem a minha vida?" "Em que ocasiões poderia cultivar mais amizades com homens, a fim de fortalecer minha identidade masculina?" No homem, esse aprofundamento de identidade não ocorre ao se relacionar com as mulheres, muito pelo contrário. No relacionamento com elas isso é apenas fomentado.

●●●●●●●●●●●●●●●●●●●

Meu namorado me abandonou. Mas ainda o amo e sinto que pertencemos um ao outro. Temo que ele tenha se magoado quando se separou de mim. Às vezes ele se sentia inferiorizado em relação a mim, e isso não conseguia suportar.

Devo abandoná-lo ou continuar esperando por ele?

Aparentemente é muito cedo para terminar o namoro com o seu namorado, pois você ainda o ama. A questão é se o amor *mútuo* terá futuro. Em princípio, mantenha a esperança de que ele possa se reencontrar após esse distanciamento; que ele repense de forma sóbria que não magoou somente a si mesmo, que talvez ele tenha se punido por não ter correspondido ao amor. Mas se esse sentimento de inferioridade for tão forte nele a ponto de prejudicar o relacionamento de vocês, é melhor você esquecê-lo. Obviamente o amor por ele continua dentro de você, e deveria ser grata por isso. Esse amor lhe pertence. Seu namorado o despertou dentro de você; colocou-a em contato com esse amor. Mas ele também faz parte de você, independentemente do seu namorado. Confie que ele irá encontrar uma pessoa que reagirá de tal forma, que fará ambos felizes.

> Esse amor agora também se encontra em você, independentemente do seu namorado. Confie nesse amor.

Anseio muito por um parceiro, mas sempre conheço os errados. Nunca encontrei um com o qual pudesse partilhar minha vida. Também, na maioria das vezes, já estavam comprometidos pelo casamento ou namoro.

Por que Deus não me concede um parceiro que combine comigo?

Deus não lhe envia, sem mais, um namorado. É claro que você pode interceder a Ele, apresentando seus anseios. Se, no entanto, não acontecer o que pediu, o primeiro passo é acertar-se consigo mesma. Quem não consegue viver sozinho geralmente não encontra uma companhia. Quando, por exemplo, um homem nota que a sua namorada quer se agarrar nele, isso tende a desencorajá-lo. Se você, porém, consegue viver bem consigo sozinha, deveria permanecer aberta para um relacionamento, mas não deveria pretender um relacionamento a qualquer custo. Apresente a Deus ambas as possibilidades de vida e peça a Ele para apoiá-la em sua vida a sós. Se você pedir-lhe que sua procura tenha êxito, não estará mais fixada no assunto. Então poderá considerar eventuais parceiros com grande tranquilidade. Nessa procura desejo-lhe, como bom acompanhante, o anjo da esperança, que jamais esmorece; mas também o anjo da vida a sós, que lhe ensina a permanecer sozinha e de forma sadia.

O anjo da vida a sós e o anjo da esperança podem ser bons mestres.

Vou muito mal. Meu marido não me entende e não fala comigo. Não sei mais o que devo fazer.

A recusa à conversa me magoa profundamente.

É compreensível que essa recusa por parte do seu marido e o sentimento de mágoa que isso lhe provoca sejam doloridos. Mas, no momento, você não consegue modificar seu marido. Por isso, procure primeiramente se preocupar consigo mesma. É preciso que lamente o fato de a relação com o seu marido não ser a que havia pensado. O lamento é doloroso; no entanto, por meio dele você estreita laços com seu próprio coração e com a força existente em seu interior. Assim poderá refletir sobre o que pretende fazer, de que necessita para entrar em harmonia consigo mesma. Não dê tanto poder ao seu marido, mas primeiramente procure realizar aquilo que lhe faça bem. Conscientize-se de que seu bem-estar não depende unicamente do seu marido e que você é a única responsável por sua paz. Dê-se um tempo para permanecer diante de uma vela acesa, interiorizando o sentimento de saudade. Então imagine que na saudade de amor já existe amor; que na minha saudade de luz já existe luz; que no anseio de paz já existe paz no meu coração. Vá para dentro de si mesma; lá você encontra tudo. É claro que seria bom se também o mundo exterior fosse mais agradável. Porém, se você tiver encontrado a paz dentro de si, também a situação

> O que você pretende fazer em seu benefício? De que necessita para entrar em harmonia consigo mesma?

exterior aflitiva perderá poder. Talvez seu marido, em dado momento, até possa ficar curioso quando notar que você vai bem também sem ele.

Não consigo falar com meu marido sobre os meus sentimentos. Ele é uma pessoa de bom coração e faz tudo por mim. Entretanto, não é possível falar com ele de uma maneira mais pessoal, pois fica emudecido. Essa é a razão pela qual me sinto muito só em meu casamento. Sei que meu marido me ama, mas ele simplesmente é incapaz de se abrir em relação aos sentimentos.

Sofro com minha solidão ao lado do meu marido.

Inicialmente penso que você deveria ser grata pelo amor que seu marido lhe dedica. Bem sei que é doloroso ele não conseguir expressar esse amor em conversas. Você, no entanto, não deveria se fixar nessa incapacidade dele. É possível que, desde a infância, não tenha aprendido a falar sobre seus sentimentos, que isso fazia parte da cultura de sua família. Também é possível que ele deva se proteger porque seus sentimentos lhe incutem medo, porque dentro dele reina um caos emocional que prefere manter fechado. Fortaleça tudo aquilo que vocês podem realizar em conjunto: caminhar, assistir a um concerto ou a um filme... Pelo menos vocês podem experimentar e fazer algo em conjunto, mesmo que depois não consigam conversar sobre isso. Mas você ao menos poderá falar sobre aquilo que a sensibilizou no concerto ou no filme. Seu marido sabe ouvir; não estará falando no vazio; ele só não consegue expressar o que sentiu. E quando você fala sobre os seus sentimentos ele também entra em contato com os sentimentos dele, e isso lhe faz bem. Ele só tem necessi-

> Se você falar sobre os seus sentimentos sem exercer pressão, ele também entrará em contato com os sentimentos dele.

dade de se proteger quando se sente pressionado a dizer algo. Essa troca de sentimentos que você procura pode ser feita em outras ocasiões; por exemplo, com amigas, em encontros de estudo da Bíblia ou nos cursos que frequenta. Dessa maneira, você pode desfrutar com gratidão daquilo que seu marido lhe oferece, sem estar constantemente decepcionada com o que representa um peso para ele. Talvez com o tempo aflorem nele os seus sentimentos que estão congelados. Quanto mais pressão você fizer, mais congelados eles ficarão. Se, no entanto, falar relaxadamente, mas sem indicar que ele faça o mesmo, talvez os sentimentos dele comecem lentamente a se mover, e, em algum momento, ele também encontre palavras para se expressar.

•••••••••••••••••

Com meu marido há muita briga, e por coisas pequenas. Ele se irrita quando algo não está arrumado. Eu me irrito quando ele promete consertar coisas, mas não cumpre. Tornamos nossa vida pesada.

Não encontramos algum caminho para tratar de nossos conflitos de forma civilizada.

Sentem-se juntos e, com toda a calma, analisem o que não anda bem com vocês. Nessa fase não procurem fazer avaliações, mas formular mutuamente os próprios desejos. Não fiquem se justificando, mas procurem esclarecer por que não conseguem corresponder às expectativas mútuas. Também reflitam sobre como poderiam lidar melhor com os fatores externos que os irritam. Questionem-se se esses conflitos não têm raízes mais profundas. Talvez as coisas não arrumadas e os consertos não executados sejam apenas pretextos para voltarem a brigar. É possível que por trás disso haja decepção com o outro ou também consigo mesmo. Ou talvez o motivo disso se encontra na sobrecarga de outras áreas, como no trabalho ou na educação dos filhos. Tentem entender o que está acontecendo entre vocês, admitam sua carência, sua sensibilidade, sua sobrecarga, levando a sério quando o outro fala algo que vai em seu interior. E então se perguntem: "O que pode nos ajudar?" "O que cada um de nós pode fazer?" "Como podemos nos relacionar de forma mais sábia

Perguntem a si mesmos se o conflito não é mais profundo. Procurem não avaliar nessa fase.

para não brigar constantemente por coisas pequenas?" Por fim, façam um acordo, fazendo um brinde ao novo caminho com um copo de champanhe ou vinho.

Sinto-me culpada por não conseguir oferecer ao meu marido o amor que ele espera de mim. Não o amo com a intensidade que ele deseja.

Não sinto o amor intenso que ele imagina.

Você só pode dar ao seu marido o que tem para dar. Não pode gerar em si sentimentos de amor que não encontram eco em sua pessoa. Tente aceitar o seu marido assim como ele é, também em sua carência, dando-lhe aquilo que pode. Encontre-se com ele com boa vontade, procurando sintonizar-se com o seu interior. O que acontece com ele? O que lhe faria bem? Depois reflita sobre o que lhe pode oferecer. Mas também procure relacionar-se bem consigo mesma, pois não pode satisfazer toda a carência de seu marido. Pergunte-se: "Por que não consigo amar meu marido assim?" "Existe algo nele que me lembra aspectos meus que não consigo aceitar?" Nesse caso, sua incapacidade para amar o seu marido representaria um convite para aceitar primeiramente as partes não amadas em si mesma. Abençoe o seu marido para que a bênção divina o envolva com seu amor e para que ele encontre paz em si mesmo. Aí a grande carência que ele sente em relação a você se relativizará. Não se obrigue a ter sentimentos, mas permaneça fiel ao sim que lhe deu. Sob essas condições, é bem possível que voltem a aflorar sentimentos de amor. Mas também já representa muito tratá-lo de forma objetiva, com boa vontade, oferecendo-lhe apoio.

> Também dentro de nós existem partes que não amamos.

7 ABORRECIMENTO, MEDO *ETCÉTERA*
O difícil convívio com os sentimentos

Não é só com os nossos pensamentos, palavras e ações que podemos moldar a realidade do nosso entorno, mas também com nossos sentimentos. Mas nem sempre somos determinados por sentimentos positivos e agradáveis. Muitos sofrem com os seus sentimentos de raiva, cólera, medo, inveja, ciúme ou insatisfação. Insegurança ou pouca autoestima nos dão trabalho, fazendo pouco sentido batalhar contra tais sentimentos. É certo que todo o sentimento tem um sentido, que ele nos remete à nossa história de vida. Por isso, nossos sentimentos nos convidam a encarar nossa trajetória e a nos reconciliar com as situações nas quais eles apareceram de maneira muito intensa pela primeira vez. É preciso realçar que todo sentimento nos convida a refletir sobre os padrões que aplicamos a nós mesmos, à nossa vida e aos outros. Não devemos ter vergonha de nenhum sentimento; todos eles podem existir. Mas pedem que os apreciemos e conversemos com eles para que, assim, passemos a nos conhecer melhor e a nos aceitar em nossa singularidade. Os sentimentos são um convite para realizarmos uma empolgante viagem de descoberta em nosso próprio interior.

S into-me profundamente inseguro. A crise financeira me atingiu intensamente. As economias que fiz para que tivesse amparo na velhice acabaram tendo seu valor substancialmente reduzido. Noto que todas as promessas dos bancos para uma sólida seguridade na velhice se dissiparam.

Nada mais é seguro. Em que posso depositar minha confiança?

A crise financeira nos mostrou que não existem meios que consigam nos proteger completamente; que não há seguro que cubra todos os riscos. Vista dessa maneira, a crise financeira também passa a ser um desafio espiritual. Ou seja, devemos aceitar o fato de que a vida é insegura e que essa insegurança nos remete a Deus. Você fez o que era humanamente possível. Porém, se isso será o suficiente não depende de você, mas, em última análise, da bênção de Deus. Sendo assim, coloque sua vida sob a proteção dele, confiando que Ele zela por você. Mas também descubra nessa insegurança a não ter o dinheiro como fundamento, mas unicamente Deus. Existem valores mais importantes do que um bom planejamento financeiro para a velhice. O verdadeiro tesouro – como disse Jesus nos evangelhos – encontra-se em nós. Portanto, trata-se de descobrir o tesouro no campo de nossa alma e de achar a pérola preciosa que torna nossa vida feliz. Em última análise, Deus é a verdadeira riqueza de nossa alma. Por esse motivo, a crise pretende revisar nossos critérios, a fim de construirmos a casa de nossa vida sobre Deus, e não sobre a areia da ilusão, como

> Deixe-se também convidar por essa insegurança a não ter como fundamento o dinheiro. Existem outros valores.

se nós mesmos pudéssemos garantir todas as coisas. A saúde não está unicamente em nossas mãos, como ocorre com o tempo futuro e com as finanças. Por isso, somos dependentes da bênção de Deus em todas as coisas. Peça a proteção e a ajuda dele, colocando-se sob sua bênção. Então poderá olhar confiante para o futuro.

Sou presidente do conselho paroquial e muitas vezes me irrito porque existe um grupo que deseja dominar nosso padre e a paróquia. O padre é muito esforçado, mas esse grupo não o deixa realizar seus trabalhos. Muitas vezes não ouso contestar o líder desse grupo. Por isso xingo-lhe em casa, mas percebo que isso não me faz bem.

Como posso evitar que o aborrecimento envenene tudo?

Seu aborrecimento é justificado, mas se você levá-lo para casa, diante de seu marido, isso não lhe fará bem. Nesse caso o grupo terá poder sobre a sua pessoa. Talvez você tenha medo de fazer oposição a esse grupo ou de enfrentar abertamente o líder por ele saber falar e cooptar melhor o grupo a seu favor. Mas não é preciso batalhar contra ele; apenas tome seu aborrecimento como fonte de energia. Já o seu sentimento de agressão pretende capacitá-la a defender claramente a sua opinião. Não é preciso que conteste o outro ou tente lhe ensinar alguma coisa. No entanto, defenda claramente o seu ponto de vista: "Vejo isso assim". "Para mim isso é assim". "Não entendo o que o senhor deseja". Se você passar a expressar claramente o seu ponto de vista, começará a se sentir melhor e também mais livre. Provavelmente outras pessoas se sentirão encorajadas a expressar sua opinião. Mas, acima de tudo, é necessário que você proíba esse homem de entrar em sua casa; você deverá expulsá-lo interiormente de si e de sua casa. Somente nos lugares onde encontrá-lo – por exemplo, no conselho paroquial ou após as celebrações – é

> Tome o aborrecimento como fonte de energia. Proíba esse homem de entrar interiormente em sua casa.

que deverá se posicionar, de forma amável, mas clara. Quando ele notar que não consegue mais impressioná-la com sua agitação, se tornará mais enfraquecido, e chegará o tempo em que não conseguirá mais dominar os outros.

Tenho dois filhos pequenos, com dois e três anos. Toda vez que vou à cidade de carro com eles, para fazer compras, temo que possa me acontecer algo. Eu jamais me perdoaria se devido a algum acidente eles ficassem feridos. Não consigo me desfazer desse medo.

Algo poderia realmente acontecer com eles?

Seu medo se justifica, pois não temos garantia de nunca sermos envolvidos em acidente. Mesmo que dirijamos com cuidado, alguém pode nos atingir. No entanto, quanto mais você se fixar no medo, mais tenderá a dirigir tensa. E justamente isso é prejudicial, pois justamente a tensão muitas vezes leva a acidentes. Aceite o medo, dizendo a si mesma: "Sim, não tenho garantia de não acontecer nenhum acidente". Mas aceite essa condição de medo para pedir a Deus sua bênção, acreditando nisso. Portanto, o medo se transformará em convite para você se colocar sob as bênçãos do Todo-poderoso, e passará a se locomover sob a sua proteção. Isso dará outra qualidade à sua vida e ao seu relacionamento com os seus filhos. Talvez esse medo ainda permaneça em você, mas deixará de dominá-la. Resumindo, você não pede a Deus para que Ele lhe tire especificamente esse medo, porém toma esse sentimento como motivo para se colocar sob as bênçãos dele. Assim, o medo a conduzirá a uma oração confiante e à confiança de que a viagem transcorrerá normalmente.

> Tome o medo como convite para colocar-se sob a bênção de Deus.

• • • • • • • • • • • • • •

Há alguns anos um amigo e colega de trabalho me decepcionou profundamente. Naquela época perdi minha esposa num acidente e, em vez de me dar apoio, aproveitou-se de minha fraqueza para depreciar-me diante do nosso chefe, assegurando-se uma promoção que seria para mim. Desde então, secretamente passei a desejar que ele fosse rebaixado e passasse a sofrer. Agora ele foi diagnosticado com câncer. Ora, isso no fundo não passa de justiça compensatória, não é?!

Deverei ficar de consciência pesada por causa dos meus desejos de vingança?

Com certeza foi desonesto que ele tenha se aproveitado de sua fragilidade após a morte de sua esposa. É compreensível que você tenha tido pensamentos de vingança. Contudo, é importante que se desprenda disso e deixe a solução com Deus. Não obstante, não há necessidade de você pensar que o câncer que ele contraiu tenha sido provocado por seus pensamentos. Apresente seus sentimentos de vingança a Deus e peça-lhe perdão, deixando de se torturar. Ore, pedindo para que você não se aproveite da doença dele para fazer o mesmo que ele fez outrora, desejando-lhe em oração que Deus conserve sua mão protetora sobre ele. Se você conseguisse falar com ele sobre a doença que o acomete, isso certamente configuraria uma superação maravilhosa dos seus pensamentos de vingança. Já o fato de não lhe desejar mal, mas bênção, libertaria você mesmo.

É libertador desejar bênção a alguém.

N oto que ultimamente ando muito irritado. Eu reajo de forma cada vez mais sensível a críticas.

Como posso evitar que a irritação se transforme em um sentimento tão forte dentro de mim?

Fale com sua irritação, em vez de irritar-se com ela. Pergunte-lhe: "O que você quer me dizer? Contra o que estou me defendendo?" Ora, o aborrecimento mostra que você não considerou de forma adequada os seus limites; colocou poder demais sobre si nas mãos dos outros; excedeu-se no trabalho, no engajamento em relação aos outros. Esse seu desconforto está indicando que você deveria se dedicar mais a si mesmo; que precisa se perguntar o que lhe faria bem. Também há necessidade de que você passe a criar certo distanciamento daquilo que o ocupa diariamente; que perceba seus limites; que aceite o fato de não poder ser constantemente sobrecarregado. Tenha a sensibilidade de ser grato porque sua alma reage com irritação. Trata-se de uma reação ativa, só que você não deveria lidar também ativamente com o fato, pois alimentar o aborrecimento não ajuda em nada. Não obstante, tome a iniciativa de falar com as pessoas com as quais se aborreceu. Ou, caso isso não seja possível, mantenha certo distanciamento de determinadas pessoas, como que se as "jogasse para fora de si", tirando delas o poder sobre você. Proteja "sua casa interior", proibindo que essas pessoas a frequentem: "Em casa não penso nessa pessoa; ela não é assim tão importante para mim". Não permito que minha paz interior seja molesta-

> Aceite o fato de não poder ser sempre mais e mais sobrecarregado.

da. Mas se este estado irritadiço se avolumou em você, tente descobrir sobre o que está se rebelando. O seu atual modo de vida estaria dissociado de suas convicções? Você consentiu ser envolvido em algo que não deseja? Constatando isso, nutra-se de coragem para reorganizar sua vida, de modo que ela lhe pareça correta.

Eu me irrito quando sinto ciúme. Noto que deixo todo o meu ambiente enervado com isso.

Temo que o ciúme destrua a relação com meu namorado.

Inicialmente você não deveria se condenar por causa do ciúme. Provavelmente ele tenha se originado de determinadas experiências de perda ou de mágoas. Fale com o seu ciúme: "Que imagens afloram nessas ocasiões?" "A que tipo de pensamento você se encontra vinculado?" Você fica imaginando como o seu namorado se relaciona com as mulheres que trabalham com ele? Você se compara com outras mulheres? Tem medo de que seu namorado poderia preferir outra mulher? Você se critica devido a sua aparência?

Quando você fala com o seu ciúme é possível reconhecer por que caminho deve iniciar. E acaso tiver dúvidas quanto a não ser suficientemente atraente, experimente entrar em sintonia consigo mesma: "Eu sou como sou, e posso ser assim". Não se trata somente da aparência física, mas de você ser uma pessoa única: "Sou a namorada dele com todo o meu ser. Se ele me valoriza como pessoa, as demais coisas são secundárias". Tome o ciúme como convite para ser grata por aquilo que recebeu de Deus. Se você constantemente imagina a forma como seu namorado se relaciona com as mulheres no trabalho, proíba-se tais pensamentos, pois eles não

> Fale com o seu ciúme. Que imagens afloram quando ele se manifesta?

ajudam em nada. Passe a se envolver com aquilo que está fazendo no momento ou simplesmente sinta a respiração ou o corpo, sendo grata a si mesma e pelo seu namoro.

• • • • • • • • • • • • • • • • •

Quase não consigo suportar meu anseio por amor. Desejo o amor de uma pessoa, mas não sou correspondida. O que deverei fazer? Reprimir o que sinto?

Quando dou espaço ao meu anseio, o que sinto é somente tristeza.

Não reprima o que sente. Imagine que aquela pessoa lhe ama. O que esse amor significa para você? O que ele desencadeia em sua pessoa? Através do amor de outra pessoa você entra em contato consigo mesma; percebe-se amável e capaz de amar. Tente imaginar o amor que já está em você. – O amor de outra pessoa possibilita que você entre em contato com o amor residente em seu interior, o qual ninguém poderá tirar. No anseio por amor já existe amor. Nesse seu anseio não sinta tanto o que você não tem, mas aquilo que sua alma experimenta quando anseia: amplitude, liberdade, amor, paz. Quando no desejo de amar você já sente o amor, seu anseio não se tornará mais um peso. Assim, o seu coração não lhe trará à lembrança o que não tem, mas a conduzirá ao fundo de sua alma, onde se encontra tudo aquilo que você anseia: amor, proteção, paz, liberdade e felicidade. E nesse fundo de sua alma você encontra aquele que é superior a tudo: Deus. Ele realiza nosso anseio mais profundo, por paz, amor, liberdade e proteção.

O anseio de amor conduz ao fundo da alma.

• • • • • • • • • • • • • • •

M uitas vezes minha esposa me diz: "Tua impaciência me enerva. Faça-me o favor de sossegar um pouco!" Esse sentimento me atormenta, mas simplesmente não consigo me desfazer dele.

Quem sofre mais com minha inquietação sou eu próprio.

Pergunte-se pelo que o torna tão impaciente. Dê-se um tempo para ouvir e perceber o que ocorre dentro de sua impaciência: "Que imagens, que lembranças afloram em você?" "Nisso podem ser reconhecidos determinados padrões de vida?" Não adianta simplesmente se propor a ser paciente, pois a impaciência é, para você, porta de passagem para se conhecer melhor. Quando você puder avaliar suas causas mais profundas, poderá refletir: "O que me ajuda a ficar mais calmo?" Um caminho de resolução poderá passar pelo corpo. Assim, quando notar impaciência experimente respirar calmamente e sentir-se no corpo. Se você estiver totalmente em si as demais coisas que o impacientam não serão mais tão importantes. Um outro caminho seria se perguntar, nos quadros de impaciência: Por que estou tão impaciente? Aquilo que me torna impaciente é realmente tão importante? Não dá para encarar isso com mais serenidade? Não lute contra a impaciência, mas se relacione com ela de forma amigável, procurando ouvi-la constantemente. Depois de conversar com ela você poderá dizer: Ok, você está aí e eu a reconheço. Mas agora deverá esperar.

Trate sua impaciência com cordialidade. Neste momento não preciso de você. Agora estou comigo mesmo; gosto de me sentir e estar comigo.

Eu sempre acho que outras pessoas vivem melhor ou de forma mais intensa do que eu. Sei que isso é ridículo, mas regularmente sou acometida por tais pensamentos. Esforço-me para ser agradecida, mas depois caio na choradeira porque outra pessoa está melhor do que eu ou consegue resolver seus problemas com maior facilidade.

Qual a melhor maneira de eu reagir perante a inveja?

Você não pode proibir a inveja de chegar até você, pois ela também tem um sentido. Não lute, mas dialogue com ela. Pense integralmente nela: Gostaria de ser como essa mulher, que é mais bonita do que você. Entretanto, deseja mesmo ficar no lugar dela? Se você se permitir essa reflexão poderá descobrir em si determinadas coisas que a tornarão grata. Talvez você não se encontre bem em um determinado momento, o que leva a ficar com ciúmes de outra pessoa que aparentemente está melhor. Porém, você sabe como essa pessoa está, de fato, se sentindo? Esse pode ser um direcionamento, ou seja: pensar a inveja até o seu final e questionar seu desencadeamento. Outro caminho é se perguntar: Quais as coisas que eu anseio ter? A inveja tem a capacidade de mostrar certo desejo ainda não cumprido. Nesse caso, posso pensar nesse desejo até o seu final, direcionando-o, em última análise, para Deus. O sentimento da inveja igualmente é um convite para a autorreconciliação, consigo mesma e com os seus limites, e usar de gratidão pela sua peculiaridade e singularidade. Sua tarefa não é a de ser como os outros, mas a de ser você

A inveja quer convidá-la a se reconciliar consigo mesma e com os seus limites, sendo grata por sua singularidade.

mesma. Nesse sentido a inveja demonstra que você se define demais a partir de fora, comparando-se com outras pessoas. Em vista disso, empenhe-se em abandonar as comparações, e quando elas virem à tona, procure refúgio em seu interior, onde é possível encontrar paz e as coisas pelas quais anseia.

E m casa, na minha família, muitas vezes me percebo como uma pessoa esquentada e encolerizada. Quando chego em casa depois de um dia estressante, tudo me irrita; quando minha mulher fica mais tempo ao telefone e, assim, preciso fazer todo o trabalho doméstico, ou quando meus filhos criam problemas. Não consigo me ajudar.

Eu mesmo sinto quando me torno tão agressivo.

Diante disso ocorrem-me dois caminhos. O primeiro é você se conscientizar de que, ao chegar em sua casa, deverá deixar o aborrecimento do lado de fora, não levando os seus colegas de trabalho para o seu interior: A minha casa pertence a mim e à minha família. Pense que a porta da família só poderá ser aberta quando for fechada a porta do trabalho. Assim, você poderá desfrutar sua entrada em outro recinto. Mas aprenda a distinguir seu posicionamento em ambos os lugares, não levando para o seu lar, por exemplo, a sua função de chefe da empresa. Em sua casa o papel desempenhado deverá ser o de marido e pai.

O segundo caminho é se perguntar: O que me torna agressivo com a minha esposa? Em que ocasiões reajo inadequadamente com as crianças? Dialogue com sua agressão. Se a sua irritação é causada porque sua mulher fica muito tempo ao telefone, prejudicando os trabalhos domésticos e fazendo-os recair sobre você, estabeleçam entre si, e com toda a calma, uma divisão de responsabilidades. Se para a sua mulher é tão importante se delon-

É bom você colocar limites. Mas, quanto maior a clareza e a calma com que fizer isso, mais rapidamente aparecerão os frutos.

gar com certas pessoas ao telefone, não a censure, mas também não deixe que isso leve você a assumir o trabalho dela. Enquanto ela telefona você poderá ter tempo para si mesmo. Quanto à agressão dos filhos reflita, por exemplo, se não tem sua causa em expectativas muito elevadas em relação a eles. Se esse for o caso, seria importante aceitá-los *com* suas limitações. É bom você estabelecer limites. Mas quanto maior a clareza e a calma com que fizer isso, mais rapidamente aparecerão os frutos. Quando você explode não surge clareza, mas uma atmosfera de caos que poderá eclodir novamente em uma outra ocasião. Quanto mais estiver consigo mesmo tanto menos permitirá que sua mulher e seus filhos o tirem do seu centro. Assim, poderá observá-los com tranquilidade, deixando-os ser do jeito que são e, quem sabe, você passe a ser grato pela existência de sua família.

Alguns falam sobre o fim do mundo, e há sinais que não deixam de ser ameaçadores em várias áreas. Como avaliar as "profetas do fim do mundo"?

Essas notícias me deixam com medo.

Nossa língua nos trai. Quem fala constantemente sobre o fim do mundo chegou ao fim das próprias possibilidades; projeta seu catastrófico estado de alma sobre o mundo exterior; precisa deixar o mundo desmoronar porque não vê futuro para si, porque seu mundo desmoronou. Sendo assim, não entenda essas declarações como uma descrição objetiva do mundo, mas como subjetividade decorrente de determinado estado de espírito. Jesus chegou a criticar esses profetas da catástrofe. Por um lado Ele diz: "Olhai para que ninguém vos engane!" (Mc 13,5). Por outro, afirma: "Quanto ao dia e à hora, ninguém sabe, nem os anjos do céu nem o Filho, mas somente o Pai" (Mc 13,32). Sabemos que o mundo um dia irá acabar. Isso, no entanto, é um convite para vivermos o agora de forma alerta e vigilante, empenhando-nos em fazer responsavelmente aquilo que nos compete. Não devemos ter pensamento fixo quanto ao fim do mundo; isso é competência de Deus.

Nossa vida termina com a morte, sendo esse o nosso fim *no* mundo, e com esse fim sempre temos de contar. Por isso, o mais importante é conduzirmos nossa vida de forma vigilante. Paulo nos exorta em relação ao fim: "Pois todos vós sois filhos da luz e filhos do dia. Não somos da noite nem das trevas. Não durmamos,

> Nossa morte marcará o fim do mundo para nós. Com esse fim sempre temos de contar e viver vigilantes no momento presente.

pois, como os demais. Mas vigiemos e fiquemos sóbrios" (1Ts 5,5s.). Portanto, não gaste seu tempo dando crédito a esse tipo de profecia, mas viva o presente com a consciência de que, com a nossa morte, nossa vida chegará ao fim para que possa se tornar nova em Deus.

Estou tomado de um profundo sentimento de insegurança. Nunca sei o que é uma decisão correta. Sempre acabo refletindo sobre o que ainda poderia ser melhor. Mas de tanto pensar e do medo que tenho, não consigo avançar.

Quando estou diante da decisão não sinto clareza quanto ao que é certo.

Não existe decisão absolutamente certa. Despeça-se do perfeccionismo de que você deve decidir sem qualquer tipo de falha. A decisão sempre é relativa, e você pode recorrer a algum tipo de ajuda. Por exemplo, é bom apresentar sua falta de clareza para Deus e perguntar-lhe qual é a sua vontade. Certamente Ele não lhe dirigirá palavras no sentido usual do termo, mas apresentando determinada problemática a Ele poderá surgir para você algum tipo de orientação decisória. Uma outra forma de ajuda é você considerar verídica, durante dois dias, determinada decisão. Depois repita o ensaio, em tempo igual, com a outra opção. (Repita a mesma dinâmica quantas forem as possibilidades de decisão.) Assim, você poderá avaliar qual delas seria a mais acertada. Nunca nos esqueçamos de que uma decisão por alguma coisa implica necessariamente uma decisão contra outra coisa. Dessa forma, você se tornará livre para se envolver com o caminho que decidiu seguir apenas quando tiver clareza de que somente poderá viver parte das possibilidades existentes. É então que também poderá crescer a confiança de que Deus abençoará esse caminho, independentemente das dificuldades que se apresentarem em seu trajeto.

Sempre nos é dado viver somente parte de nossas possibilidades.

S ofro devido à minha raiva. Quando, ao chegar em casa depois do trabalho, algo me incomoda em minha mulher ou nas crianças, muitas vezes reajo de forma raivosa. Também tenho esse tipo de reação diante dos colegas de trabalho. Nessas ocasiões não consigo me controlar, e isso me causa medo.

Como posso me libertar da raiva?

Como primeiro passo, sinta a raiva por dentro e se familiarize com ela, passando a se perguntar: O que me leva tão rapidamente a "sair dos eixos"? Uma palavra que magoa? O medo de a vida caminhar muito diferente daquilo que imaginei? Que sentimentos são despertados nessas ocasiões? Consigo me lembrar da situação em que a raiva eclodiu pela primeira vez?

Um homem que também sofria devido a sua raiva me contou que reagiu com raiva pela primeira vez aos nove anos. Na época ele gostava muito de colecionar pedras. Depois de recolhê-las na natureza ele as limpava com uma escova de dentes, colocando-as sobre a sua escrivaninha. Certa vez, ao retornar da escola, soube que sua mãe havia jogado fora todas elas. Diante disso ele ficou tomado de raiva. Quando examinei com ele essa raiva tornou-se claro que ela representava um protesto: "Não pisoteie assim sobre os meus sentimentos!" Colocados por ele em sua coleção de pedras, seus sentimentos haviam sido desprezados.

Nunca deveríamos desprezar nossos sentimentos.

Talvez você consiga descobrir algo semelhante em sua raiva. Então passe a entender sua raiva como um convite para levar a sério sua própria pessoa e os seus sentimentos.

E u me avalio em tudo o que faço. Depois de
ter falado com uma pessoa, por exemplo, fico
envergonhado pelo tanto que falei. Isso me leva a uma
profunda insatisfação. Sei que essas avaliações provêm
da minha infância, quando tudo em mim era criticado.
O que atualmente poderá me ajudar?

Não consigo me desprender dessas constantes avaliações.

Em primeiro lugar você precisa permitir novamente a dor
de ter sido constantemente avaliado quando criança. Depois
lance para fora de si todos aqueles que o avaliaram. Diga para
si mesmo: "As avaliações eram problema de vocês. Eu, porém,
não lhes concedo mais poder. Posso viver por mim mesmo.
Confio em mim mesmo". O terceiro passo é focar-se no presente. Mesmo que você tenha reconhecido a causa do problema e se ocupado emocionalmente com isso, essa estrutura de
comportamento sempre poderá influenciá-lo. Quando notar
que está se avaliando, diga para si mesmo: "Sim, agora estou
novamente me avaliando. Conheço-te, modelo avaliativo. Mas
agora não te sigo. Não modificarei a conversa. Deixo-me como
sou. É assim como é, sem avaliação". É claro que você também deverá nutrir o anseio de fazer avanços, de mostrar mais
atenção na próxima conversa. Porém, só conseguirá modificar
de fato aquilo que aceitou. Somente quando deixar de avaliar
suas conversas e de repreender a si mesmo por ela não ter transcorrido como imaginava é que poderá ir com
maior abertura e atenção para um próximo
diálogo, sem necessidade de ficar tenso. E se
esse novamente não for tão bem-sucedido

Não preciso ser perfeito. Posso ser assim como sou. Está bom assim.

quanto imaginava, simplesmente deixe como está. Considere que para o momento foi bom. Nem toda conversa precisa ser perfeita. "Posso ser assim como sou." Não necessito ser um orador perfeito." Digo aquilo que me prende a atenção no momento. E está bom assim."

•••••••••••••••••

> enho medo de cometer erros. Ao cometer um erro, quando criança, era castigada e envergonhada. Até hoje me envergonho deles, até mesmo quando os outros não os percebem. Esse quadro de vergonha me paralisa, levando-me a perder a concentração, e, por isso mesmo, a cometer erros.

A vergonha me conduz a um círculo vicioso.

Se converterá em um grande bem você reviver a vergonha sentida em sua infância, quando era castigada e envergonhada. Reconheça: "Não foi justo me envergonharem daquela maneira. Eu, porém, sou eu. Não lhes concedo o poder de agora continuarem nessa estratégia de envergonhar. Não quero mais esse sentimento, lidando de maneira diferente com os meus erros. Vou me permitir cometê-los. Não preciso ser perfeita". Se você conviver de forma cuidadosa e amigável consigo mesma e com os seus erros, poderia pensar em uma maneira de diminuir sua frequência. Para isso, passe a observar em que ocasiões você mais os comete. Seria em situações em que está sob estresse? Quando se sente observada pelos outros? Eles ocorrem no início do trabalho ou ao final dele, quando está menos concentrada? Existem tarefas que não executa com a devida boa vontade e nas quais comete mais erros? Se você passar a encarar seus erros dessa maneira, sem envergonhar-se por eles ou avaliá-los, poderia se perguntar: "O que me ajuda a evitar esse ou aquele erro?" "O que me ajuda a estar mais atenta?" Você continuará praticando erros, pois não há vida sem erros. Mesmo assim, poderá trabalhar no

> Não existe vida sem erros. Mesmo assim, poderá trabalhar no sentido de cometê-los em menor quantidade.

sentido de cometê-los em menor quantidade. Acima de tudo, deveria alterar sua postura. Se passar a examinar a situação com amor e humor os erros perderão seu poder sobre você. Contudo, se concentrar toda a energia contra eles, serão cada vez mais frequentes. Se passar a constatá-los de forma serena, chegará o tempo que também poderão ser evitados.

•••••••••••••••••••

E stou constantemente insatisfeito comigo. Isso já se tornou quase que uma mania.

Não perdoo meus erros. É possível parar com isso?

A primeira pergunta é: Por que está insatisfeito consigo? Aparentemente você nutre expectativas em relação a si mesmo que não pode atingir. Por isso, o primeiro caminho seria despedir-se de expectativas exageradas. Aceite o fato de ser uma pessoa mediana, e que tem seus limites. Então também poderá ver os seus pontos positivos, presenteados por Deus. O segundo passo é desistir de se comparar com os outros. Inclusive, talvez seja esse o motivo de sua autoinsatisfação. Fazendo esse tipo de comparação sempre descobriremos muita coisa que os outros têm e que nos falta. Obviamente você não conseguirá deixar de fazer comparações, pois isso constantemente aflorará em sua pessoa. Mas quando isso vir à sua consciência, tente simplesmente ficar consigo. Coloque suas mãos no meio do peito e sinta a si mesmo; sinta o calor em seu peito, observando ao mesmo tempo as imagens que surgem em sua mente. Passe a confiar nas aspirações que afloram dentro de você, ciente de que no desejo de paz interior já existe paz, no desejo de felicidade já existe felicidade. Quando você entra em contato consigo mesmo passa a se tornar independente dos outros e alcança mais facilmente a paz. Quando se flagrar fazendo comparações, conceba-as como se um amigo estivesse chamando a sua atenção sobre tudo aquilo que caracteriza você, sobre sua unicidade e singu-

> Se eu crer que Deus me aceita assim como sou, também conseguirei me aceitar mais facilmente, mesmo com meus erros.

laridade, sobre as dádivas que Deus lhe presenteou. O terceiro passo é perdoar a si mesmo. Também nesse caso o primeiro pressuposto é se despedir da ilusão de que você pode passar pela vida sem cometer erros. Todos nós os cometemos, e nem sempre correspondemos às nossas expectativas em relação a nós mesmos. É preciso que nos reconciliemos com nossa imperfeição. O quarto passo é crer no perdão de Deus. Se eu crer que Deus me aceita assim como sou, também conseguirei me aceitar mais facilmente, mesmo com os meus erros. O quinto passo é se dedicar amorosamente a essa criança interior, que deseja ser perfeita, sem sê-lo. Se eu tomá-la carinhosamente nos braços ela cessará de se censurar constantemente. O sexto passo é despedir-se do juiz interior implacável, que sempre nos acusa e nunca está satisfeito conosco. Esse sexto passo, entretanto, só dará certo se eu crer na misericórdia de Deus e for misericordioso para comigo mesmo.

● ● ● ● ● ● ● ● ● ● ● ● ● ● ● ● ●

Tenho medo de tudo o que é novo. Penso constantemente no que poderia acontecer quando eu for para um novo local de trabalho, quando mudar para outra cidade. Também sinto medo quando meu filho vai para a escola ou inicia um estágio. Imagino que tudo poderia acabar dando errado. Esse medo me paralisa ao iniciar algo novo. Sinto-me insatisfeita com o atual estado de coisas.

Tenho cada vez mais medo pelo fato de minha vida se encontrar estagnada.

Você não está sozinha com esse medo do novo; muitas pessoas passam pelo mesmo problema. Todo medo, porém, tem uma causa e um sentido. Inicialmente é bom se perguntar pela causa. Talvez quando era criança você tenha experimentado o novo mais como algo negativo. Ou então tem medo daquilo que é novo porque o velho lhe oferece segurança. O velho você já conhece bem, tendo medo de adentrar em terreno desconhecido. Nesse caso deveria perguntar pelo sentido do medo, mas isso só poderá ser descoberto se dialogar com ele: "O que poderia acontecer de ruim?" Você poderia se perguntar de onde provém esse estado de medo. Talvez possa estar relacionado à dificuldade no nascimento ou a experiências ruins com novidades. Na ocasião você não estava devidamente preparada e por isso não foi bem-sucedida. O conhecimento sobre as causas, contudo, não dissolve o sintoma. Ele só representa uma ajuda para entender a si mesma, em vez de se condenar. Mas se não

A vida está em constante movimento. Procure tornar-se amiga desse movimento. O que é novo nem sempre precisa ser pior.

encontrar uma causa, não continue a fazer ponderações, pois não é imprescindivelmente importante reconhecer a causa do medo, mas como você lida com ele na atualidade. Nesse sentido, imagine, por exemplo, o que poderia ocorrer se você mudasse para um novo local. Os inquilinos do andar de cima poderiam importuná-la com barulho desmedido, prejudicando o seu sono. Você não encontraria novos contatos e iria se sentir só. Imagine todos esses acontecimentos e reflita sobre uma possibilidade de reação. Ora, você não vivenciaria essas novidades sem ajuda. Poderia visitar outros moradores do local e se apresentar a eles, possibilitando o surgimento de novos relacionamentos. Assim, os conflitos tenderiam a ser resolvidos com mais facilidade. O fato de você se sentir, ou não, à vontade não depende unicamente da nova residência, mas sobretudo de seu envolvimento com o que é novidade.

Portanto, não se condene por causa do seu medo. Admita-o calmamente: "Sim, tenho medo do que é novo". Depois disso, rogue a Deus para que Ele abençoe aquilo que é novo e lhe conceda a força e o desprendimento necessários para acatá-lo de tal maneira que se transformem em chances de progresso. Passe a se reconciliar com a própria vida, que jamais é estagnação. Você nunca poderá reter aquilo que vive no momento, pois a vida é dinâmica. Procure se tornar amiga desse movimento. Isso também pode colocar em movimento algo do seu interior, abrindo-lhe novas possibilidades. É importante você se conscientizar que o novo nem sempre precisa ser pior; ele representa também a chance de você se tornar mais e mais si mesma. Talvez o medo da novidade seja consequência de que você ainda não vive plenamente, e por isso tenta se apegar àquilo que vive. Nesse caso o medo seria um convite para o seu envolvimento maior com a plenitude da vida que Deus lhe confia.

Se você apresentar seu medo a Deus, em vez de se condenar por isso, também lhe ocorrerá na oração como poderá reagir diante de eventuais incidentes. Peça a Deus para que abençoe seu recomeço. Nesse recomeçar também há possibilidade de coisas novas se moverem dentro de você, de experimentar um novo nascimento em si mesma.

Nosso vizinho comprou um carro luxuoso e se gabava dele, mas sofreu um acidente e o carro virou sucata. Minha primeira reação, espontânea, foi de satisfação pelo infortúnio. Mas em seguida me censurei por causa disso, já que esse tipo de atitude certamente não retrata a mentalidade de Jesus.

A satisfação pela desgraça dos outros é algo natural?

Com certeza a satisfação pelo infortúnio de outra pessoa não corresponde à mentalidade de Jesus. Você, porém, não pode fazer nada por esse sentimento ter aflorado em seu ser. De certa forma esse sentimento poderia ser considerado normal, porque seu vizinho o provocou por meio de comportamento arrogante. Provavelmente aquela atitude em relação a você tenha causado mal-estar dentro dele. Visto por um outro ângulo, você pode se alegrar por ele ter aprendido com o acidente. Não se esqueça de agradecer porque ele conseguiu sair ileso do acidente. Para que sua atitude anterior – alegria diante do sofrimento alheio – seja transformada em mentalidade cristã, ore por esse vizinho, para que esse impacto ruim em sua vida possa despertá-lo para o valor da simplicidade, conquistando paz interior. Assim, não necessitará mais fazer uso de comportamento arrogante. Isso igualmente lhe trará benefícios, pois você passará a ter mais apreço pelos semelhantes.

A alegria pelo infortúnio dos outros pode ser considerada normal, até certo ponto. Mas você não deve se fixar nisso.

Quando eu era criança, independentemente do que fizesse, eu vivia apanhando de meu pai. Por exemplo, estando à mesa, bastaria que um copo caísse para ter início a sessão de pancadaria. Sinto que toda a vitalidade natural foi extirpada de mim.

Os ferimentos da infância podem ser sarados algum dia?

É doloroso quando lembranças da primeira infância são marcadas apenas por imagens de violência, arbitrariedade e medo, tornando-se difícil estabelecer confiança na vida. Tudo parece ser ameaçador, pois aquilo que cunhou sua primeira infância encontra-se enraizado como modelo em sua alma. Mesmo assim, essa força violenta do seu pai não conseguiu destruí-la. Apesar dos pesares, você sobreviveu. Mas agora é com você! Procure apresentar a Deus essa pequena criança que tanto apanhou, para que Ele, sendo maternal e paternal, tome-a em seus santos braços e a proteja da maldade das pessoas. Passe a se dedicar a essa criança, lembrando-se de que agora você não é somente a criança amedrontada, mas uma pessoa que já amadureceu.

Imagine-se consolando essa criança como mulher adulta, concedendo-lhe segurança em seus braços. Você também tem a força necessária para protegê-la e afagá-la dentro de si, para que ela readquira confiança na vida. Certamente as velhas feridas e medos sempre aflorarão em você. Porém, esses temores deverão lembrá-la que na atualidade você pode tratar carinhosamente dessa criança solitária, insegura e ameaçada,

> Você não é somente a criança amedrontada. Também amadureceu.

protegendo-a em seus braços amorosos. Imagine que existe em você um espaço reservado, só seu, onde as pancadas não conseguiram ter acesso; que o seu ser mais íntimo não foi afetado pelas surras.

8 DOR, DOENÇA, MORTE
Experiências-limite

Toda pessoa é confrontada com a doença – sua ou de pessoas próximas –, que nos torna inseguros. Ela questiona a nossa vida e faz com que experimentemos nossa finitude. Assim, somos forçados a refletir sobre o que de fato queremos de nossa vida, que marca queremos imprimir neste mundo o que queremos transmitir às pessoas próximas.

Também, sem exceção, nos deparamos com a morte, que muitas vezes atinge uma pessoa querida. Ela se torna incompreensível quando, por exemplo, uma pessoa ainda jovem devido ao câncer, infarto ou por suicídio. Geralmente quando morre uma pessoa querida nos afloram sentimentos de culpa: "Onde errei?" "Por que não lhe falei isto ou aquilo?" "Por que às vezes tive tão pouca sensibilidade com ele(a)?" "Por que não consegui me despedir?" Não conseguimos fazer silenciar esse tipo de sentimento. Diante dele, não devemos nos acusar nem nos desculpar, mas apresentá-los à misericórdia de Deus, que tudo perdoa. Então esses sentimentos se acalmam. Mas também deveríamos ter presente que a pessoa falecida não nos faz reprimenda alguma. Ela agora está na paz com Deus, e não gostaria que por sua causa viéssemos a nos censurar. Pelo contrário, somos convidados a desenvolver um novo tipo de relacionamento com ela. Pela morte o ser humano é transformado na imagem singular que Deus teve dele em seu nascimento.

Durante a sua vida ele não conseguiu apresentar essa imagem de forma tão clara e nítida. Contudo, pela morte, essa imagem pura, original e genuína se torna visível. É para essa imagem que deveríamos olhar, e sob esse olhar nossos sentimentos de culpa são silenciados. Isso deveria nos motivar a pensar em nossa própria morte, pois a reflexão sobre ela nos impele a uma vida mais intensa. Sendo finita, quero viver minha vida, no agora, de forma consciente. Não sei quanto tempo Deus me concederá, mas agora eu vivo. Por isso, quero viver conscientemente e deixar impressa neste mundo minha marca personalíssima.

Meu filho tirou sua própria vida. Ele me faz muita falta, e essa dor sempre me abala. Acima de tudo, porém, eu costumo me repreender: "O que fiz de errado?" "Onde tive culpa em relação a ele?" Simplesmente não consigo mais ter paz.

Deus não preservou a mim e ao meu filho do suicídio.

O luto pelo filho ainda o acompanhará por muito tempo, sendo impossível saltar sobre ele. Dói pensar que a sua vida foi interrompida dessa maneira. Mas não se acuse nem se desculpe, "deixando ser". O suicídio – justamente de uma pessoa jovem – é sempre um enigma. Se a tendência para praticar esse ato estiver dentro da pessoa jovem, não conseguiremos impedi-la de fazê-lo, por mais que lhe demos atenção. Confie que esse caminho – mesmo que não aprovemos o suicídio – levou seu filho para os braços misericordiosos de Deus. Imagine-se perguntando a ele: "O que você queria viver que não conseguiu?" "Qual era o seu anseio mais profundo?" O que o impediu de vivê-lo aqui neste mundo?" "O que você quer me dizer com sua vida e com sua morte?" "Que resposta à sua vida você espera de mim?" "Como deverei viver para que, aquilo que você me deu, possa continuar da melhor forma neste mundo?" Dar sua resposta bastante pessoal à vida e à morte do seu filho o ajuda abrir-se para si mesmo.

Tenho dores crônicas na região abdominal que, segundo meu médico, talvez derivem de aderência ocasionada por cirurgias. Intervenções cirúrgicas posteriores não conseguiram alterar o quadro, nem tampouco analgésicos. De acordo com o médico, nada mais pode ser feito.

Existem caminhos psicológicos ou espirituais para lidar com dores permanentes?

Seguramente não é fácil conviver com dores crônicas. Por sua vez, todos os métodos espirituais ou terapêuticos que praticamos nos dão a esperança de que finalmente elas serão debeladas. Muitos autores espirituais afirmam que deveríamos liberar a dor. No entanto, se buscamos conscientemente liberar a dor, não deixamos de nos fixar nela e na forma de liberá-la. O que devemos liberar, portanto, não é a dor, mas a ânsia de querer controlá-la. Se concedermos a ela o direito de permanecer pelo tempo que quiser, tiramos dela o seu poder. Assim, faremos amizade com ela e possivelmente saberemos o que pretende nos dizer. É possível que ela nos remeta à nossa condição humana limitada. Ou talvez nos convide a descermos – a partir dela – ao lugar do silêncio, ao qual ela não tem acesso. Isso não é tão fácil, pois temos a impressão de ser totalmente dor, e que ela comanda totalmente nosso corpo e nossa alma. Só poderemos passar através da dor e acessar o espaço interior do silêncio se a tratarmos com carinho. A dor nos aponta para o fato de sermos totalmente dependentes de Deus; ela nos lembra cotidianamente do nosso desejo profundo de encontrar em Deus nosso descanso, e neste a cura.

> Não devemos liberar a dor, mas a ânsia de querer controlá-la.

U ltimamente sou acometida por muitas gripes. Tenho a impressão de que elas nem vão embora, e isso me deixa inquieta. Meu sistema imunológico teria enfraquecido ou tenho doenças mais profundas? Devo fazer alguma mudança em minha vida?

O que essas doenças estão querendo me dizer?

Você mesma já formulou a pergunta certa: "O que a gripe está pretendendo me dizer?" Mas isso não quer dizer que a resposta virá imediatamente. Procure simplesmente sentir o seu interior, perguntando-se: "Como estou?" "Sinto-me satisfeita com a minha vida?" "Em que ocasião(ões) fiquei decepcionada comigo, com minha família, com minha empresa, com meu círculo de amigos?" "Não dei a devida atenção a ofensas que recebi?" "Acabei me sobrecarregando?" "Tenho a impressão de ser determinada a partir de fora?" Passe a perguntar menos pela causa das gripes e mais pela mensagem que elas pretendem lhe dar. "Em que áreas eu deveria cuidar melhor de mim?" "Com o que deveria me reconciliar?" "O que eu deveria mudar em minha vida?" "Contra o que meu corpo está se rebelando?" As gripes forçam você a estabelecer contato consigo e com o seu corpo. Por isso, ouça o que se passa dentro do seu corpo; relacione-se de forma carinhosa com você, em sua totalidade.

Muitas vezes a gripe tem seu princípio na garganta, que é uma área muito sensível. Às vezes ela "fica incomodada" porque "engolimos muitas coisas". O pescoço também é uma das partes mais carentes dos corpos. Não é à toa que fazemos cócegas no pescoço de um ca-

Seja grata porque o seu corpo reage e está querendo lhe transmitir uma mensagem: "Preciso cuidar melhor de mim mesma".

chorro. Por sua vez, o abraço que damos nas pessoas também é pelo pescoço. Assim, é possível que você tenha se relacionado consigo de forma pouco amorosa, ou talvez almeja o amor e tenha a sensação de que sua convivência com as pessoas esteja esfriando cada vez mais. Nesse caso, pergunte a si mesma como poderia se relacionar mais amorosamente consigo e onde haveria locais de acolhimento nos quais conseguisse sentir-se totalmente em casa, em harmonia consigo mesma. Não se irrite com seus resfriados, pois a irritação enfraquece ainda mais o sistema imunológico. Mas aceite a mensagem que eles têm para você. Também seja grata porque o seu corpo reage e está querendo lhe dizer que é preciso cuidar melhor de si mesma.

• • • • • • • • • • • • • • • • •

Minha filha é anoréxica. Todos os esforços do médico e uma longa permanência em clínica especializada de nada adiantaram. Sinto-me completamente impotente. O que fizemos de errado como pais? O que ainda podemos fazer? Já executamos todas as recomendações médicas. Estamos desesperados.

Temos culpa pela sua doença?

Não é tão fácil curar a anorexia, a ânsia de emagrecer. Para isso você necessita do anjo da paciência e da esperança, que jamais esmorece e que espera por aquilo que não vê. Faz pouco sentido você se censurar e pensar em tudo o que fez de errado; isso só a enfraquecerá em relação a sua filha. É claro que nem tudo corre de forma adequada na educação. Isso, entretanto, não seria motivo para alguém se tornar obsessivo por emagrecimento. Compulsão sempre é anseio reprimido. Por trás da compulsão para emagrecer encontram-se diversas aspirações; por exemplo, a aspiração de ser magra e esbelta, satisfazendo ao atual modelo de mulher esguia, relacionando-a à beleza. Quando, porém, uma pessoa realmente tem compulsão por emagrecer, "emagrece até o esqueleto". Nesse caso, deixa de ser bonita, mas passa a ser antes repulsiva. Outra aspiração vinculada à pessoa anoréxica é ter controle total da própria vida. A título de exemplo cito uma jovem mulher anoréxica. Ela me disse que a anorexia era o único meio de exercer poder. Isso caracterizava uma espécie de compulsão pela manutenção desse mecanismo, mesmo sabendo que provocava grande preocupação nos seus pais. Muitas vezes, por trás da ano-

Faz pouco sentido você pensar constantemente em tudo o que fez de errado.

rexia está o medo de perder o controle e de comer demais. Sendo assim, a compulsão por emagrecer esconde a aspiração em viver de forma autônoma, em vez de ser determinado por outras pessoas.

O que vocês podem fazer como pais é conversar com sua filha sobre suas aspirações. Não devem censurá-la, mas simplesmente perguntar-lhe o que a leva a se abster de comida, como ela se sente nesse processo e qual é sua aspiração mais profunda. Depois disso podem dialogar com ela como poderia realizar suas aspirações de maneira mais saudável. Em última análise, é preciso deixar claro que a aspiração por vida e liberdade nunca se realiza totalmente aqui. Só Deus pode cumpri-la. O segundo passo é combinar com sua filha o que poderia ajudá-la concretamente. Em vez de exortá-la o tempo todo a comer mais, seria melhor combinar com ela um programa de alimentação. Como pais, vocês não deveriam controlar esse programa, mas ajudá-la a seguir as recomendações estipuladas por ele. A despeito de todos os reveses, jamais percam a esperança ou abandonem sua filha.

•••••••••••••••••

Tenho dores crônicas na área do estômago e intestinos. De nada adianta os médicos dizerem que é preciso simplesmente conviver com isso. Às vezes tenho medo de ficar doida de tantas dores.

Como devo lidar com as constantes dores?

Lamentavelmente eu também não posso lhe dar as causas específicas de suas dores. Eu conversaria com elas: "O que vocês estão querendo me dizer?" "Há relacionamentos que impactam sobre o meu estômago?" "Ou se instalaram em meu corpo conflitos emocionais fortes demais para mim?" Quando sugiro tais perguntas não estou querendo dizer que as dores sejam condicionadas psiquicamente. Porém depende de nós o modo como reagimos a elas. A "mensagem" das dores, entretanto, não se relaciona somente às suas causas, mas também à maneira como devemos tratá-las. Elas me lembram que sou verdadeiramente humano; que ao perceber algo em mim e à minha volta que não corresponde às minhas concepções de vida, isso pode me provocar dores. Elas também me convidam a conviver com elas e, simultaneamente, a largá-las. Elas pretendem me conduzir ao interior de minha alma, onde não têm acesso e onde posso perguntar: "Quem sou eu?" "O que é o meu eu mais profundo?" "Eu sou somente uma mulher que tem dores?" "Qual é a minha verdadeira essência?" As dores pretendem convidá-la a entrar cada vez mais em contato com o seu eu verdadeiro. Isso não as elimina simplesmente, mas as relativiza, levando à perda de seu domínio. Elas fazem você se lembrar de seu verdadeiro eu e de Deus, em cujas mãos pode se amparar com elas.

Também isto representa uma "mensagem" das dores: elas me lembram de que sou inteiramente humana.

247

A tualmente estou em tratamento psiquiátrico por causa de uma depressão.

Um acompanhamento espiritual também poderia ser útil?

A ajuda psiquiátrica seguramente é importante. Mas também é necessário integrar a depressão na caminhada espiritual. Pergunte-se sobre o que Deus está lhe querendo dizer com a depressão. Seu caminho para Ele não passa ao largo da depressão, mas por dentro dela. Às vezes a depressão nos diz que temos expectativas altas demais em relação a nossa pessoa. Nesse caso Deus quer convidá-lo a aceitar os seus limites. A depressão mostra que a vida nem sempre é isenta de percalços e está sujeita à superficialidade. Ela o conduz à profundidade.

É bom você procurar um acompanhamento espiritual. Dirija-se a um convento e pergunte ali se um religioso, ou religiosa, pode orientá-lo. Ou então procure um padre de sua paróquia ou o responsável pelo atendimento pastoral. As pessoas da secretaria paroquial saberão como ajudá-lo.

> Seu caminho para Deus não passa ao largo da depressão, mas por dentro dela.

• • • • • • • • • • • • • • •

Meu filho é depressivo. Ele perdeu a coragem de estar entre as pessoas. Não possui mais iniciativa.

Como posso ajudar meu filho doente?

Primeiramente fale com ele, perguntando-lhe sobre o que o paralisa e como ele sente depressão? Diga-lhe que a depressão pode ocorrer, e que ele precisa se reconciliar com ela. Depois disso ele poderia pensar nos passos a serem dados em direção à sua ajuda. O primeiro deles seria procurar um médico psicólogo. Ele também deveria adotar rituais claros: acordar sempre no mesmo horário, fazer exercícios, organizando bem o seu dia. Quando a alma não está em ordem ela necessita de uma ordem externa. Ele deveria respirar um ar puro e sentir a natureza; fazer caminhadas ou correr, a fim de sentir-se no corpo. Dando prosseguimento, deveria acatar a depressão como admoestação para não se sobrecarregar; talvez devesse fazer uma pausa a cada duas horas para poder sentir a si mesmo. Por último, precisaria reconsiderar a depressão, vendo-a como uma oportunidade para encontrar um novo padrão de vida, e exercitar-se nele. Dessa maneira a depressão deixará de ser um peso para ele, mas o conduzirá a uma vida autêntica.

> Quando a depressão é assumida como tarefa para encontrar um novo padrão para minha vida, ela pode me conduzir a uma vida autêntica.

No ano passado experimentei três casos de morte: meu pai morreu repentinamente de infarto; minha tia mais querida, a quem devia muito, veio a falecer em decorrência de uma prolongada doença; e minha melhor amiga morreu em decorrência de um câncer, depois de lutar muito contra ele. E agora, para completar, fui diagnosticada com um câncer de mama. Meus filhos ainda são pequenos e precisam de mim. No momento não tenho forças nem confiança em Deus. Tenho a impressão de que o chão está sendo tirado debaixo dos meus pés.

Como posso voltar a ter confiança?

Realmente lhe sobreveio muito sofrimento. Não sabemos por que tudo isso veio praticamente de uma só vez, mas faz pouco sentido refletir sobre o porquê. Você necessita chorar a morte de seu pai, de sua tia e de sua melhor amiga. É preciso que passe em meio à dor provocada pela ausência dessas pessoas tão queridas. O lamento tem como objetivo levá-la a estabelecer uma nova relação com os falecidos e fazê-los se transformar em seus companheiros interiores. Já a tristeza pelas perdas deveria levá-la a entrar em contato consigo mesma e com o seu eu verdadeiro: "Quem sou eu?" "Que marca de vida pretendo deixar impressa neste mundo?" Além disso, a sua doença abala seu sentimento de vida, pois você não tem garantia de que esse câncer de mama será curado. Apesar de todo esse sofrimento, ore a Deus, imaginando que sua bênção a cobrirá como um manto que protege e aquece. Apresente sua doença a Deus, deixando que seu amor curador flua para dentro do seu corpo e também do seu desespero. Nem é preciso que você

Deixe o amor curador de Deus fluir para dentro do seu corpo e do seu desespero.

confie, que você supere o seu desespero. Mas apresente a Deus sua debilidade, suas dúvidas, sua insegurança, imaginando-se carregada por Ele em toda a sua "falta de chão" e perpassada em seu corpo pelo amor divino. Dessa maneira é possível que cresça a confiança de que o câncer poderá ser curado. Na oração você entra em contato com os poderes de autocura de seu corpo e de sua alma, e isso é benéfico para a sua doença. Então seu desespero a despertará para Deus e para o mistério de sua própria vida.

Meu pai está gravemente doente. Às vezes falo com ele sobre a morte. Ele me dá a entender que não consegue acreditar nem em vida depois da morte nem em ressurreição. Seu modo de pensar é sóbrio e, ao mesmo tempo, pessimista; diz simplesmente que se dissolverá na natureza. Quando procuro lhe explicar a fé da Igreja, fica bloqueado.

Tampouco os cristãos, na verdade, sabem o que realmente vem depois da morte.

É bom que seu pai pelo menos fale da morte. O fato de fazê-lo só racionalmente poderia sinalizar seu temor diante dela. Eu lhe responderia com o psicólogo C.G. Jung, que afirmou em certa ocasião: "Se existe uma vida após a morte, eu, como psicólogo, não posso saber. Mas como psicólogo eu sei a respeito da sabedoria da alma. E a sabedoria da alma tem conhecimento de uma vida após a morte. E, como psicólogo, está claro para mim que é bom dar ouvidos à sabedoria da alma. Pois, se vivo contra a sabedoria da alma, torno-me agitado, inquieto e neurótico. Portanto, é pelo menos sadio crer em uma vida após a morte". Eu também diria: "Estou a par de todas as suas dúvidas e da impossibilidade de imaginar concretamente como será a consumação depois da morte. Mas confio nas afirmações de Jesus e também em sua promessa ao criminoso: "Ainda hoje estarás comigo no paraíso" (Lc 23,43).

Confio na sabedoria da alma. Ela tem conhecimento de uma vida após a morte. E confio na promessa de Jesus.

• • • • • • • • • • • • • • • •

Eu, na verdade, gostaria de ser cremada. Meu marido, no entanto, é radicalmente contra, pois pensa que nesse processo também seria cremada a alma da pessoa. Já de minha parte, acho desagradável a ideia de acabar sendo comida por vermes.

A partir da perspectiva cristã existe realmente algo que fale contra a cremação?

A tradição cristã foi marcada pelo sepultamento do corpo. Porém, a partir do Concílio Vaticano II a Igreja abriu a possibilidade de cremação. A concepção que se tem do corpo após a morte não é decisiva; ele se decomporá de qualquer forma, com ou sem cremação. A questão é mais de piedade. O luto necessita de um lugar, e levando-se em conta a psique, a sepultura é certamente um bom lugar para expressá-lo. Portanto, trata-se de uma questão de mentalidade, e não de fé. A alma da pessoa seguramente não queimará quando queimar o corpo. Ela vai para Deus e nele se transforma em corpo espiritual, como o descreve Paulo na Primeira Carta aos Coríntios. A questão da cremação ou do sepultamento é, antes, um assunto para os sobreviventes e para o seu modo de expressar o luto. Naturalmente, é uma questão relacionada às concepções de cada um, e as concepções sempre são relativas.

> A questão do modo de sepultamento é mais uma questão de mentalidade do que de fé.

● ● ● ● ● ● ● ● ● ● ● ● ● ● ● ●

Minha avó faleceu recentemente, depois de um longo período de sofrimento. Embora a amasse muito, fiquei feliz por suas dores terem acabado. Minha irmã agora me acusa de insensibilidade e afirma que sou uma má cristã. Ela não entende minha reação.

Não consegui ficar triste quando minha avó finalmente pôde morrer.

Você não é uma má cristã, pois levou a sério seus sentimentos. Amou sua avó, mas também não conseguia mais vê-la passar por tantas dores. A morte a libertou de suas dores, sendo essa a razão pela qual você não conseguiu sentir luto. A alegria por sua libertação foi mais forte do que o luto, e você não é obrigada a forçar quaisquer sentimentos. É claro que em algum momento o luto também a atingirá, pois sua avó não está mais presente e você não pode mais ir até ela e ouvi-la. Quando o luto emergir naturalmente em você, tome posição diante dele.

Não devemos deixar que outros determinem que sentimentos devemos ter.

Não deixe que outras pessoas – tampouco sua irmã – determinem quais sentimentos você deverá ter. Você é sincera e sentiu a perda, assim como a descreveu. Saiba que você pode e deve assumir os seus sentimentos.

• • • • • • • • • • • • • •

Na família de um conhecido há um alcoólatra. Eu o ajudaria com gosto, mas sua família não se abriu comigo, mesmo depois de inúmeras conversas.

O que fazer quando alguém não quer se deixar ajudar?

Não é possível ajudar um alcoólatra se ele não quiser ser ajudado, e aparentemente sua família também não quer ser ajudada. Muitas famílias encobrem o alcoólatra em seu ambiente porque isso as envergonha. Mas o único caminho que ajuda um alcoólatra é um tratamento de abstinência e a disposição para permanecer sóbrio. Ele conseguirá conviver com sua doença por mais tempo somente se desistir de qualquer gole de álcool. Portanto, o que você pode fazer é chamar a atenção da família para essa consequência, mostrando que a existência de um alcoólatra dentro de uma família não pode ser motivo de vergonha. Também mostre à família que não compete a mais ninguém dar explicações ou atribuir culpa à pessoa alcoólatra. Trata-se de uma doença que pode ser curada, mas somente com a abstinência total de bebida alcoólica. Nesse caso a vontade sozinha não pode ajudar. Diante disso, seu amor cristão só pode se expressar de forma clara e na esperança – dessa você nunca deverá desistir em relação ao alcoólatra – de que ele conseguirá se afastar do álcool e se deixar ajudar nesse processo.

> O único caminho que ajuda um alcoólatra é um tratamento de abstinência alcoólica e a disposição de permanecer sóbrio.

Minha irmã perdeu o seu esposo há pouco tempo. Agora ela não consegue mais crer em Deus. Posso entender isso, mas acharia triste se ela viesse a perder o amparo que a Igreja lhe ofereceu até o momento.

Como posso ajudar minha irmã a assimilar a morte do seu marido?

Você só pode ajudá-la suportando, e não avaliando seu desespero e ressentimento em relação a Deus. Não podemos dar resposta alguma à pergunta pelo porquê. Ora, sua irmã tinha confiado que Deus haveria de proteger seu marido, mas isso não foi concretizado. Nesse sentido, foi destruída a imagem que ela tinha de Deus e desfeita sua concepção de vida. Ela havia confiado que ela e o seu esposo iriam organizar a vida e se tornarem idosos juntos. Não se pode passar por cima do luto dessa perda, pois ele tem um objetivo, isto é: conduzir sua irmã a um relacionamento diferente com o seu esposo. Junto a Deus, agora ele pode se transformar em acompanhante da família.

Faria bem à sua irmã se ela se imaginasse perguntando ao marido: "O que você quer me dizer?" "Como deseja que eu viva agora?" Essa é uma das funções do luto, ou seja, levar a um novo relacionamento com quem faleceu. A segunda função do luto é deixarmos cair por terra nossas concepções sobre nós mesmos, sobre nossa vida e sobre Deus. Assim, poderão ser abertas novas possibilidades de vida para nós. Assim, por exemplo, sua irmã pode se perguntar repentinamente: "Quem sou eu sem o meu

> Não se pode ignorar o luto, pois ele tem um objetivo, o de conduzir a um relacionamento diferente com quem faleceu.

marido?" Disso lhe poderá surgir o desafio de procurar novas possibilidades para a vida. Por exemplo, deixar cair por terra a concepção de que Deus sempre cumpre os nossos desejos, percebendo que Ele se encontra além das imagens projetadas por nós. Que se procurarmos por esse Deus incompreensível, certamente emergirá em nós a intuição de que Ele é amor e de que o amor é mais forte do que a morte. Por fim, sua irmã perceberá que o amor pelo esposo ultrapassa a barreira da morte.

Há um ano meu marido faleceu repentinamente de infarto. Ele só tinha 45 anos. Tínhamos muitos planos em comum; éramos uma família feliz. Agora tudo me parece ser cinza e vazio; não me conformo com isso. Sempre nos esforçamos para viver a partir da fé, mas agora tenho dificuldades para crer no Deus misericordioso.

Não consigo sair do meu luto.

É dolorido quando a pessoa que amamos é tirada do nosso meio. Você irá sentir o luto por muito tempo, pois ele é um sinal de seu amor por seu esposo. Porém, é importante que você veja um objetivo no luto, isto é, construir um novo relacionamento com o seu esposo. Imagine-se perguntando ao seu esposo: "O que você está querendo dizer?" "Qual é sua mensagem para mim?" "O que queria transmitir?" "A partir de que viveu?" "O que queria alcançar com sua vida?" Procure dar uma resposta à mensagem dele com sua vida. Imagine que ele continua acompanhando e dando apoio a você, e tente chegar até o fundo de sua alma por meio do seu luto. Lá você reconhecerá quem realmente é, qual é a sua identidade mais profunda e que marca de vida pretende imprimir neste mundo. Peça a Deus para que transforme seu luto sempre mais em nova vitalidade e veracidade. Quando pensar em Deus pense também no fato de que seu marido agora está com Ele e nele. Assim, você não se fixará na acusação, mas experimentará Deus como o espaço no qual também poderá experimentar a comunhão com seu marido de uma maneira nova.

Peça a Deus para que Ele transforme seu luto sempre mais em nova vitalidade e veracidade.

No ano passado faleceu meu esposo. Todas as decisões agora têm de ser tomadas por mim. Tratar com as autoridades e repartições públicas é algo que vai além das minhas forças. E à noite em minha cama tenho muitas saudades do meu marido e reclamo por ele ter me deixado sozinha. Sei que isso não faz sentido. Mesmo assim, essas queixas se multiplicam dentro de mim.

A solidão após a morte do meu marido paralisa a minha vida.

É compreensível você se sentir sozinha se por tanto tempo conseguiram viver juntos e felizes. Ocorrem-me dois caminhos que você poderia trilhar. O primeiro deles seria aceitar que está sozinha. Nesse sentido, reflita sobre as chances que você tem de estar só. Talvez descubra em si mesma novas capacidades. O fato de estar sozinha a convida a repensar sua própria identidade: "Quem você é para si mesma sem o seu marido?" O segundo caminho: confie que não está sozinha; seu esposo continua acompanhando você. É claro que não pode mais falar com ele como fazia antes; não pode mais pedir que ele lhe resolva certas coisas; não pode mais abraçá-lo. Não obstante, pode confiar que ele a acompanha a partir do céu. Pergunte-lhe, portanto, no silêncio, o que ele diria sobre esse problema, como iria se decidir. Peça-lhe ajuda, para que ele lhe dê apoio a partir de Deus, a fim de que você possa levar sua vida a bom termo. Mesmo assim, a dor pelo fato de estar só virá à tona muitas vezes. Procure responder com sua própria vida à mensagem que seu marido lhe transmite com sua vida e sua morte.

Procure responder com sua própria vida à mensagem que seu marido lhe transmite com sua vida e morte.

eu marido morreu no hospital. No momento eu não estava presente e nem contava com a possibilidade de que ele pudesse vir a falecer. Depois da operação tudo parecia ir muito bem.

Por que não foi possível nos despedirmos?

Dói o fato de você não ter podido se despedir dele. Porém, nunca é tarde demais para fazê-lo. É claro que seria muito bom se vocês tivessem tido tempo para refletirem com toda a calma sobre sua caminhada conjunta e pudessem ter agradecido mutuamente por tudo aquilo com que se presentearam e o que representaram um para o outro. Mas agora a realidade é esta; você não pode desfazer o passado. Mas pode se despedir agora, conscientemente. Escreva uma carta para ele, relatando tudo aquilo que apreciou nele, o que ele significou para você e o que lhe deseja. Em seguida escreva outra carta, como se fosse dele para você. Não pense muito sobre o que deveria dizer, mas simplesmente escreva o que vier à sua mente. Guarde ambas as cartas e pare de se incriminar. Passe a ser grata pelas palavras que você escreveu ao seu marido e pelas palavras que ele escreveu a você. Mesmo que a segunda carta seja uma suposição, revela como ele se relacionava com você.

EPÍLOGO

Cara leitora, caro leitor, vocês acabaram de ler muitas perguntas e muitas respostas que pretendem se tornar conselhos em situações de vida difíceis.

Em alemão a palavra "conselho" ("*Rat*") significa "os meios de subsistência de que necessito". Nesse sentido empregamos as palavras "*Vorrat*" ("reservas") e "*Heirat*" = *Hausbesorgung* ("casamento" = provisão doméstica). Hoje somos cautelosos em empregar o termo "conselho" ("*Ratschlag*"), pois muitos acham que conselho significa "um tapa na cara". No entanto, considerando sua etimologia, "*Ratschlag*" ("conselho") se refere a outra coisa: delimitar um círculo para aconselhamento.

Os que perguntam e os que respondem (eu e vocês, como leitores e leitoras) delimitam, por assim dizer, um círculo de aconselhamento. Estamos sentados para refletir sobre como a vida pode ser bem-sucedida, como respondemos às suas exigências e como podemos subsistir em situações difíceis. Nesse processo não me entendo como aquele que sabe a resposta. Estamos, isto sim, sentados em um círculo de aconselhamento. É claro que nesse círculo os que perguntam e eu (como aquele que responde) somos os oradores principais. Mas vocês, como leitores e leitoras, são igualmente participantes ativos. Sendo assim, vocês podem introduzir suas próprias perguntas e somar-se ao grupo dos perguntadores. Também podem questionar as respostas e se perguntarem como poderiam achar outros caminhos para si mesmos em suas situações específicas de vida e o que seria melhor para vocês pessoalmente. Nem toda resposta servirá para vocês. Portanto, questionem quando uma resposta lhes parecer simples demais e formulem a resposta que dariam a diversas perguntas. Dessa forma pode surgir um diálogo na leitura, no qual não só ouvimos uns depois dos outros, mas também – como Friedrich Hölderlin o expressou em sua poesia – ouvimos uns aos outros. Nós ouvimos do outro como ele está passando, quais as experiências que ele fez, como entende sua vida. Nós ouvimos e falamos sucessiva e mutuamente, formando conjuntamente um círculo de aconselhamento. Desejo a vocês, como leitoras e leitores, desejo aos questionadores e desejo também a mim mesmo que falemos de tal forma, sucessiva e mutuamente, que possamos ir do círculo para casa erguidos e confortados, tendo meios suficientes de subsistência – provisão doméstica – para conseguirmos viver bem nossa vida.

CULTURAL

Administração
Antropologia
Biografias
Comunicação
Dinâmicas e Jogos
Ecologia e Meio Ambiente
Educação e Pedagogia
Filosofia
História
Letras e Literatura
Obras de referência
Política
Psicologia
Saúde e Nutrição
Serviço Social e Trabalho
Sociologia

CATEQUÉTICO PASTORAL

Catequese
  Geral
  Crisma
  Primeira Eucaristia

Pastoral
  Geral
  Sacramental
  Familiar
  Social
  Ensino Religioso Escolar

TEOLÓGICO ESPIRITUAL

Biografias
Devocionários
Espiritualidade e Mística
Espiritualidade Mariana
Franciscanismo
Autoconhecimento
Liturgia
Obras de referência
Sagrada Escritura e Livros Apócrifos

Teologia
  Bíblica
  Histórica
  Prática
  Sistemática

REVISTAS

Concilium
Estudos Bíblicos
Grande Sinal
REB (Revista Eclesiástica Brasileira)
SEDOC (Serviço de Documentação)

VOZES NOBILIS

Uma linha editorial especial, com importantes autores, alto valor agregado e qualidade superior.

VOZES DE BOLSO

Obras clássicas de Ciências Humanas em formato de bolso.

PRODUTOS SAZONAIS

Folhinha do Sagrado Coração de Jesus
Calendário de mesa do Sagrado Coração de Jesus
Agenda do Sagrado Coração de Jesus
Almanaque Santo Antônio
Agendinha
Diário Vozes
Meditações para o dia a dia
Encontro diário com Deus
Guia Litúrgico

CADASTRE-SE
www.vozes.com.br

EDITORA VOZES LTDA.
Rua Frei Luís, 100 – Centro – Cep 25689-900 – Petrópolis, RJ
Tel.: (24) 2233-9000 – Fax: (24) 2231-4676 – E-mail: vendas@vozes.com.br

UNIDADES NO BRASIL: Belo Horizonte, MG – Brasília, DF – Campinas, SP – Cuiabá, MT
Curitiba, PR – Fortaleza, CE – Goiânia, GO – Juiz de Fora, MG
Manaus, AM – Petrópolis, RJ – Porto Alegre, RS – Recife, PE – Rio de Janeiro, RJ
Salvador, BA – São Paulo, SP